韓情脈脈

作者：君靈鈴

Family Sky 天空數位圖書出版

目錄

目錄

相片集錦 7

全球知名—仁川國際機場 15

日美夜絢爛—清溪川 23

獨特建築—東大門設計廣場 29

從白日逛到凌晨—東大門市場 35

體驗韓國當地氛圍—南大門 43

吃喝玩樂好所在—明洞（上） 49

吃喝玩樂好所在—明洞（下） 55

貼近藝術表演—明洞藝術劇場 61

目錄

忠烈永存—李舜臣銅像 65
由無名到知名—汝矣島（上） 71
由無名到知名—汝矣島（下） 77
快樂遊玩一整天—樂天世界 83
炙烤香氣繚繞—韓式烤肉 89
溫暖療癒沁入心脾—雪濃湯與牛骨湯 95
韓國五大宮之首—景福宮（上） 101
韓國五大宮之首—景福宮（下） 109
韓國滋補美食—蔘雞湯 115

目錄

目錄

命運多舛—德壽宮（上） 121
命運多舛—德壽宮（下） 127
不同時空，新舊任務—漢城車站（上） 133
不同時空，新舊任務—漢城車站（下） 139
南小門—光熙門 145
韓國必吃—香辣彈Q炒年糕 151
首爾規模最大的公園—南山公園（上） 159
首爾規模最大的公園—南山公園（下） 165
登高望景—首爾塔（上） 171

目錄

登高望景—首爾塔（下） 177
複合空間魅力無窮—ONE MOUNT（上） 183
複合空間魅力無窮—ONE MOUNT（下） 189
City Hall—首爾特別市廳 195

相片集錦

全球知名-仁川國際機場

日美夜絢爛-清溪川

獨特建築-東大門設計廣場

體驗韓國當地氛圍-南大門

相片集錦

吃喝玩樂好所在-明洞

貼近藝術表演-明洞藝術劇場

忠烈永存-李舜臣銅像

由無名到知名-汝矣島

相片集錦

快樂遊玩一整天-樂天世界

韓國五大宮之首-景福宮

命運多舛-德壽宮

不同時空，新舊任務-漢城車站

相片集錦

南小門-光熙門

首爾規模最大的公園-南山公園

登高望景-首爾塔

City Hall-首爾特別市廳

全球知名—仁川國際機場

仁川國際機場與金浦國際機場並列為首爾聯外兩大機場，也是韓國第一大民用機場，更多年維持在世界機場排名前三，可見其厲害之處絕不僅於隨眼可見那般。

首先仁川國際機場是韓國機場中唯一一座非飛韓國機場公社運營的機場，仁川國際機場是由仁川國際機場公社運營。

作為韓國最大兩間航空公司「大韓航空」及「韓亞航空」的主機場，仁川國際機場在韓國客運及貨運上的地位舉足輕重，在亞洲是排行第六繁忙的國際機場，但即便在如此繁忙的情況下，仁川國際機場仍是連續十二年獲得「全球服務最佳機場」的稱號，實屬相當難得。

仁川國際機場的地理位置鄰近黃海，位於韓國仁川市西側的永宗一龍遊島上，而永宗島與龍遊島原本是兩個分離的島嶼，在經人工填海之後才合為一體，而因為這兩個島都位於仁川廣域市內，仁川國際機場因此得名。

至於韓國打造仁川國際機場的契機則得由1988年說起，當時因為1988年奧運在漢城（首爾舊稱），韓國至此國際航線乘載量開始快速成長，而在1990年代後原本先設立的金浦國際機場已經不堪負荷飆速增長的航運量，於是韓國於1992年11月開始仁川國際機場的建設計畫。

總共約花了八年的時間加上八個月試運期，仁川國際機場基本上算是到2001年3月才算正式啟用，但所有工程並不算全部完成，當時算是處於第一期完工的狀態。

至於第二期工程則是在2008年6月前完成，第三期也在2018年1月完工，目前第四期工程進行中，預計於2023年完工，這第四期也是仁川國際機場目前可知的最後一期工程，而等到第四期工程完工後，仁川機場將擁有兩座旅客航站大樓、四座衛星登機廊廳、145個登機門、236個客機停機坪、62個貨機停機坪及4條平行跑道，所以粗略估計到時候仁川國際機場大約每年可以處理79萬架次的航班升降、1億人次的旅客和630萬公噸的貨物。

不過這些硬體設施對很多旅客來說可能無法擁有太多實質的感受，會認為其實在其他國際大機場也能聽到類似的結構，實在不需要太驚訝。

然而仁川國際機場能夠一路收穫口碑好評絕不是只靠一直翻修或增建，要被評選為世界排名靠前的優質機場需要符合很多條件，除了硬體設備外，服務、建築景觀、機場內部規劃等等，都是被列入考核的環，並沒有那麼簡單。

所以說光鮮亮麗的背後依然是許多人辛苦的付出才能得到專業的肯定，仁川國際機場就是這樣的角色，從一開始作為分擔的角色出現在世人面前，到後來取代了原本的金浦國際機場成為韓國第一國際機場，仁川國際機場的獨到之處，還真是得親身體會才能窺其一二。

就拿汗蒸幕來說吧，這是韓國機場獨有的文化，所以如果到韓國玩發現自己沒有體驗到汗蒸幕的話，仁川國際機場裡就有汗蒸幕，而且可以過夜，甚至有單人房可以選擇，只是單人房需要提前預約，至於現場會因為品質控管，所以會發生到一定人數就不收客的情況。

另外還有讓父母親們都非常開心的托兒服務，仁川國際機場也沒有落下，如果在等待登機的時候不想帶孩子四處閒逛導致錢包不斷變扁的話，那麼就可以帶孩子到機場內的幼兒休息室或兒童遊戲室，這是24小時的服務，不用怕撲空。

而且仁川國際機場還有免費提供轉機旅客洗澡的服務，浴間內提供了免費的牙刷牙膏、毛巾、吹風機等等，還有梳妝台可供女性補妝用，著實相當貼心，但如果不是轉機的旅客要使用也可以，僅3,000韓元就可以體驗在機場洗澡的特殊待遇。

至於很多旅人關心的退稅問題，在仁川國際機場是這樣辦理的，基本上在韓國國內單筆消費滿3萬韓元而且店家有跟退稅公司合作的話，那記得跟店家索取退稅單，在離開韓國的前一晚可以把所有退稅單都收集好，填好所有必填的資料，隔天到機場時先到航空公司櫃台報到拿登機證，而後再帶著退稅單到出境層報到櫃台的電子退稅機辦理退稅。

至於語言問題並不用擔心，退稅機有多國語言，而且旁邊也都有可以提供幫助的工作人員，讓退稅一事不再是件搞不懂的麻煩事。

作為韓國第一大機場，仁川國際機場在交通運輸方面自然是相當便利，機場內有接駁車不說，機場外更有 4,000 多個短期車位及 6,000 多個長期車位提供使用。

而若要從機場到市區也相當方使，可以選擇搭乘機場交通中心地下一層的列車前往明洞、弘大、東大門等等熱門區域，著實相當便利。

雖說近幾年來因疫情讓仁川國際機場的旅客量驟減，不過隨著日子一天天過去，相信總有一天仁川國際機場可以恢復往昔光景。

日美夜絢爛——清溪川

清溪川是一條人工運河，總長約 13.7 公里，以仁王山為起點貫穿首爾市中心。

韓國會興建這條人工運河，據悉是在朝鮮時代因為雨季積水無法排出市區而挖掘，後來在朝鮮太宗時期進行了主流河床拓寬及兩岸築壩等工程，而且太宗為了讓梅雨季烙下的雨水集中東流排出，所以下令以土木工程進行河川整治，這被稱為「開川」，故清溪川也有開川這個別稱。

而到了朝鮮世宗時期，清溪川被整治的重點變成了治理河川，防止過量的水流入上游導致市區淹水，所以 1441 年在馬前橋西側水中設立了標石監測水位變化。

也由於朝鮮世宗同意「都城人口眾多，將會產生大量垃圾，需有排汙的河川」這樣的估點，所以清溪川就被定位為排放雨水及汙水的河川。

但是這樣日子一長肯定會出問題，在首爾人口數量不斷攀升的情況下，清溪川及周遭環境被過度開發，日積月累之下堆積了許多泥沙及垃圾，導致在朝鮮英祖即位時，清溪川河床與地面幾乎是平行的，情況堪憂。

於是英祖當機立斷，設立了管理河川治理事務的濬川司，之後每隔2～3年就會進行疏通工程，而且後來還在河岸兩側用石頭造出固定河堤，使彎曲的河道變得筆直。

至於正式改名為「清溪川」則是在日本殖民時代，不過當時清溪川因為狀態太差，還被日本人嗤笑為「濁溪川」。

然而，就算被恥笑，清溪川的命運並沒有因此變好，在 1960 年代由於經濟增長及都市發展的關係，清溪川曾被覆蓋成為暗渠，水質也因為廢水排放而變得更加糟糕，但這還不是清溪川髒亂的結束，因為政府後來還在清溪川上方建了高架道路，看來似乎完全不想管清溪川的死活了。

不過幸好在 2003 年，汙穢的清溪川終於得到了重視，在當時首爾市長李明博的推動下進行修復整治工程，高架道路被拆除，已經看不出模樣的河道也重新挖掘，並在河流及四周進行美化，清溪川經過這麼多年的黑暗，在此終於是得以重新自由呼吸。

重生後的清溪川完全是一種村姑變成公主的概念，與光化門、市廳、鍾路、乙支路、東大路等景點結合後成為了一個很受歡迎的觀光區域。

其中占地7百多坪的清溪川廣場就位於清溪川復原地點的中心，以韓國傳統包袱造型為設計主軸，各種顏色的石材鋪裝讓人很輕易就能感覺到韓國的傳統優雅之美。

而首爾市在清溪川廣場完成後，假日便封街禁止車輛進入，讓水畔、道路及廣場成為市民可以休憩玩耍的空間。

不過如果在夜晚到訪過清溪川的人應該都知道，重生後的清溪川夜晚燈光秀相當知名，以3色燈光照射的兩段式瀑布堪稱夢幻絕美，但這還不是清溪川絢爛的夜晚全貌，真實的美還真要親自到現場才能體會。

不過因為清溪川並不是一條天然形成的河流，而是完全由人工打造，所以韓國有專家學者也指出，百分之八十的水都依靠馬達由漢江抽取的清溪川，如果失去了目前韓國政府為它撥列高達七百萬美元的預算，那麼整治後的清溪川可能會再度失去活力，變回以前那條死氣沉沉的清溪川。

但不管如何，清溪川帶給遊客的感受大多都是好的，不管是在白日還是黑夜，它都以不同的姿態在遊人面前展現僅屬於它的美與絢爛。

獨特建築——東大門設計廣場

被稱為首爾史上最昂貴的公共建築工程－「東大門設計廣場」，想來必有它獨到之處。

作為首件以國際招標方式打造的公共機構，東大門設計廣場歷經五年才建成，耗資約 4,840 億韓圜，是規模相當宏大的非標準建築，以和周邊地形結合為主要設計理念。

說到此建築的設計師薩哈．哈帝，那也是位不容小覷的人物，她可是首位獲得普立茲克建築獎的女建築師，來自英國的她在國際建築界享負盛名。

記得當時東大門設計廣場要開館前，薩哈．哈帝在受採訪時曾說：「我想要打破建築與自然之間的界線，雖說此事非常難，但是我認為我成功做到了“東大門設計廣場此建築本身成為地形正是我想給人們的印象”。」

而正是因為薩哈·哈帝這種創新的觀念，所以在設計東大門設計廣場時使用的技法真可說是相當罕見高端，整個廣場採用了一種將二維平面圖面信息轉換成三維立體的「建築信息模型」設計方式，整個建築毫無接縫呈現流水線型，外觀就像個巨大的宇宙飛船不說，且內部一根柱子都沒有。

不過其實東大門設計廣場的所在地前身是東大門運動場，1982年創立至2008年被拆除，被廢棄的原因不難猜想是因為首爾蠶室運動場建成，所以才將此地改為其他用途。

不得不說這個決定很優秀但也很燒錢，呈現在世人眼前的成果也很驚人，畢竟像這樣獨特的建築物，不只吸人眼球還讓人想進入一探究竟。

東大門設計廣場總面積約為86,574平方米，最高高度達29米，地上4層地下3層，內含藝術廳、文化中心、設計實驗室、創意市場及東大門歷史文化公園等五大設施，目前是首爾的地標建築物之一。

而看到這些場館設施就可得知，此地除了是建築奇觀外，舉凡時裝秀、演唱會、首映會、新品發布會、展覽等各種演出，都可以在此的藝術廳見到蹤跡。

至於向來頗令人好奇且不解的設計實驗室，則是分布於1至4層樓，由多個展館組成，是民間創意資源交流與設計相關業務的優秀平台，再加上和地鐵直通，以「文化+體驗+購物」為主旨的創意市場點綴之下，東大門設計廣場著實有讓人深入一探的衝動。

但這還不是全部，加上展示韓國創意品及全球最新潮流的文化中心及有著「東大門歷史館」、「東大門遺構展覽館」、「東大門運動紀念館」、「活動廳」、「設計畫廊」等場館組成的東大門歷史文化公園之後，拜訪東大門設計廣場之旅才算真正圓滿。

而且千萬別忘了，東大門設計廣場就位於首爾東大門鬧區正中央，除了設計廣場本身外，四周都是東大門批發市場及百貨公司，簡直就是愛走愛逛者的天堂，所以如果決定到訪首爾，住在東大門這邊應該是很不錯的選擇，至少可以知道絕對不會無聊，一定有樂子可以找。

畢竟出國旅遊就是為了尋一個暢快找一個樂子，既然知道此處定有樂子可尋，何不將此地安排上行程，會一會這棟造型獨特的建築物，感受一下時尚流行及文化氣息，然後再前往四周探險吃喝，收穫一波單純的快樂。

從白日逛到凌晨——東大門市場

原名「興仁之門」的東大門是韓國首爾巴大成門之一，是朝鮮時代為防禦手低而興建的城牆，至今已有六百多年歷史，而如今呈現在世人眼前的東大門是經過多次翻修而成，目前僅剩保護牆與城門，被指定為國寶一號。

不過老實說東大門出名並不是因為興仁之門，而是因為鄰近區域是韓國最大批發零售區。

說來「東大門市場」應該是很多到訪韓國首爾的旅人必訪之地，主要是因為這個區域就是時尚流行重磅區，不管是零買還是要批發，此地的商品可說是應有盡有，而且開放的時間非常長，可以盡情逛個夠。

基本上東大門市場以 DPP 設計廣場作為分隔線，左邊屬於零售區，右邊則是批發區，而零售區的營業時間是白日，批發區則大多都是晚上八點後才會開門營業，所以如果想逛東大門市場的話，白日就可以前來，而有大量採買需求的人就建議晚一點過來，交通方面完全不用擔心，因為首爾市有在深夜運行的公車。

至於到底東大門市場範圍內那一棟棟宏大的建築裡賣什麼，應該是很多人心裡的疑問，有些人即便到訪過此地，還是沒能將所有可以逛的地點逛透，又或者是沒逛到心儀的風格，所以以下就概略介紹一下。

首先是「Doota購物中心」，這一間購物中心應該是到過東大門市場的人都知道的地方，它物品價位偏高，不過裡頭商店種類相當豐富，而且與批貨商場那方一樣營業至凌晨，算是零買族的一個福音。

第二是「現代 City Outlet」，它就位在Doota購物中心旁邊，與Skypark是同一棟建築，多達11層樓的購物中心中，地下兩層基本上都是美食，而吃飽喝足後往上走，不管是要買一般服飾還是美妝、運動用品、書籍、3C、家居用品等等，都不會讓人失望。

第三是東大門市場中歷史比較悠久的「Migliore」，這裡也可說是很多來此地的訪客必逛之地，主要是因為此地價格較為親民，雖說款式可能不如其他地方新穎，但是買基本款是絕對沒有問題的，而且Migliore 共有十六層樓，有男女服飾、飾品雜貨、鞋類等等，八、九樓也有餐廳，十六樓則有美甲商城，可說是相當好逛的地方。

第四是「HelloApm」，說來東大門市場共有四家 APM 商場，而其中 HelloApm 的經營方向是散買商城，客群設定為10~20歲的年輕族群，所以這邊的款式會比較偏年輕向，風格在此地來說是比較走在流行前端的。

第五是「Good Morning City」，它就在 HelloApm 的隔壁，此地

比較特別的是除了可以逛街之外還有汗蒸幕可以體驗，所以如果在其他地方錯過了汗蒸幕，那麼到此可以選擇試它一試，不過倘若對汗蒸幕沒有興趣也無妨，Good Morning City依然是個好逛的地方，甚至還有電影院可供觀賞電影，著實很棒。

再來是「東大門綜合市場與平和市場」，這兩個市場之間隔著清溪川，不過販售的商品性質與風格頗為雷同，都是比較適合長輩的風格，所以如果是帶著年紀較長的長輩出門，那麼或許這兩個市場的商品會比較適合他們。

接著是「DDP Fashion Mall」，此地之前舊名為「U：Us」，一直以來都算是此地最有影響力的批發商成，雖說價位偏高但是品質相對也比較穩定且有水準，而且雖然說是批發為主，但有些店家依然接受零買客，更為重要的是有很多年輕設計師會在這裡開設店鋪，來逛就是有一種尋寶的感覺呢！

第八來到「Belpost」，這裡一、二樓都是女性服飾，三樓是男性服飾，皆為批發商鋪，特別要注意的是，此地不能刷卡只收現金，而且不能試穿，還有除非購買到一定數量，否則無法殺價，如果不是批發客，比較不建議逛此地。

第九是「apM Luxe」，這一棟在批發客之中相當受歡迎，主要是因為款式上新快又時尚前衛，而且有免費接駁車可以搭乘不說，店家門口幾乎都會擺放平板或是手機供客人使用，所以即便不能試穿，還是可以藉著平板或手機看到實穿照，可說是非常貼心。

最後是「nyu nyu」，這裡是愛好飾品者的天堂，不管在飾品上有什麼需求，在這裡幾乎都可以得到解決，然而此地基本上也是以批發為主，不過就跟 DDP Fashion Mall 一樣，有些店鋪還是有提供零售，所以也很值得一逛。

但話又說回來，逛歸逛肚皮也要顧，有些人到東大門市場不為購物為的是美食，因為有名的「陳玉華奶奶元祖一隻雞」就在這裡！

常常被拿來跟孔陵一隻雞比較的陳玉華奶奶元祖一隻雞絕對是東大門市場不容錯過的美味佳餚，而且此店別無分號，等於是來東大門如果不吃，那麼在別的地方就吃不到，像這種情況倘若不怒吃一波怎對得起自己？

另外還有「滿足五香豬腳」，吃的真的會很滿足，而且有拼盤或套餐可以選擇，想嘗試多種口味的人再也不用擔心自己的胃炸裂，點個拼盤就可以一次滿足。

說來東大門市場就是個逛街聖地，在這裡待上一整天甚至兩三天都沒有問題，因為這裡有種讓人永遠逛不完的感覺，每次逛都有新的發現，也讓人為它蓋上「不容錯過」四個大字。

體驗韓國當地氛圍—南大門

在首爾四大城門中，南大門（崇禮門）是規模最大的，也曾經是首爾歷史最悠久的木造建築物。

此建築建造時間可追溯至 1395 年，三年後竣工，於 1447 年進行過大型改建工程，日治時期因為配合市區重建，所以城牆被拆除只剩下城門，並且不對外開放。

而後在韓戰期間，南大門遭受破壞，最後在 1963 年 5 月 14 日修復，接著在 2005~2006 年，因當局決定要重新開放南大門，所以再次進行修復工程，並在工程進行的同時完成了一份長達 182 頁的城門藍圖。

不過誰也沒料到，原本僅是以備不時之需的藍圖，居然會在不久後派上用場，2008 年南大門發生人為縱火案，當局靠著此份藍圖才得以進行重建。

如今的南大門已經改造重見過幾次的模樣，雖說已經歷滄海桑田，但至少讓人還能從其中窺知古時一二。

不過來到南大門除了觀看城門之外，一定不能錯過的是「南大門市場」，因為南大門市場可是韓國最大的綜合市場，整個場子滿滿都是當地氛圍，所以如果想體驗韓國當地人平常購物的氣氛及環境，南大門市場是非常適合的地方。

南大門市場成立於 1414 年，歷史算是相當悠久，名稱無它，就是因為旁邊就是南大門（崇禮門），所以南大門市場的名稱自然而來就成立了。

此地販售的商品非常多樣化，粗略估計商品種類約有 1,700 多種，店鋪數量超過 10,000 間，在韓國甚至有「鬼怪市場」之稱，而且由於產品都是產地直接購入再出售，所以很多東西的價格會比外面的商店便宜，是個非常受當地人歡迎，很接地氣的市場。

基本上南大門市場大略可以分為幾大區，分別為相機款式相當齊全的「相機街」，因《太陽的後裔》爆紅的「軍用品街」，讓文具控一入就失心瘋的「文具街」，女性最愛的「女裝街」、「飾品街」，追求舒適睡眠的「寢具街」，裝扮家中寶貝的「童裝街」等等，可以根據需求選擇要逛的地方，或是不管三七二十一懷著探險的心態四處亂逛也是一種樂趣。

在這幾條街道中，其中童裝街著實可以特別拉出來一說，因為韓國童裝有百分之九十都來自南大門，可見此處童裝店舖及款式之多，真真讓人乍舌。

不過要特別注意的是，如果只是想逛買幾件給家中的小寶貝，那麼建議白天前往，如果是想要批發，那麼請晚上再前來，因為晚上才是南大門批發商砍價批貨的時間。

然而，既然是市場當然不會只有用品服飾可以買，不管在哪個國家，市場總是可以發掘到許多讓人意想不到的美味。

韓順子奶奶手工刀削麵是很多人首推的南大門市場必吃美食第一名，生意非常火紅，麵湯清爽麵條Q彈，還有免費泡菜吃到爽，價格更是平易近人，CP值可說是非常高。

再來是Gate 2 IBK銀行旁地炸蔬菜攤，這也是個排隊名店，必吃的品項就是蜂蜜甜餅跟炸蔬菜餅，尤其是炸蔬菜餅內容物豐富不說，刷上醬汁提味後，一口咬下讓人感到無比滿足，是南大門不容錯過的美食之一。

另外南大門市場內還有一條「帶魚胡同」，這條胡同因其中有許多間店面皆是販售帶魚料理而得名並揚名，很多帶魚愛好者會特地到此大啖美味，尤其此處的帶魚料理方式眾多，如烤、辣煮、炸、紅燒等等任君挑選，而且很多家店舖都備受饕客或媒體推崇，不容易踩雷也是這條胡同一大特點。

最後，如果真覺得南大門市場逛不夠，那也不要緊，因為明洞就在附近，可以馬上轉移陣地投入明洞的懷抱，相信定能為旅程創造更多樂趣與回憶才是。

吃喝玩樂好所在－明洞（上）

明洞，韓國首爾著名商業區，位於漢江以北，靠近南大門市場，在行政上隸屬明洞管轄。

明洞在朝鮮王朝時期被稱為「明禮坊」（韓語：명례방），屬住宅區，後來在朝鮮日治時期被改名為明治町（韓語：명치정），在受到忠武路的影響下逐漸發展為商業區，朝鮮光復後正式改名為明洞並沿用至今。

1960 年代，明洞已經發展成為首爾的商業中心，在 1970 年代前主要開設銀行、金融、證券機構，爾後在 2000 年代，明洞被指定為特別旅遊推廣區，並作為首爾旅遊巴士路線上的其中一站。

直至今日，明洞已經成為首爾市的超級購物區，不管是韓國當地人還是遊客，都把明洞當成一個買東西吃東西的好地方，尤其在近中國駐韓大使館的街道上匯集了一些中國菜館及中華學校，不過與其他國家的唐人街比較起來，規模倒是小了很多。

說來明洞跟日本的澀谷頗為類似，有非常多的品牌在此開業，而且通常都規模不小，尤其是品牌的旗艦店幾乎都是獨棟建築，規模宏大且霸氣，就像在宣告世人自己的地位非凡，好似不進去逛逛會有大損失。

而且明洞因為其他國家的觀光客日漸增多的關係，所以對旅客來說，明洞在語言方面算是個相當友善的地方，不管是中文、日語甚至其他國家語言等等，在明洞聽到都不讓人意外，且因為許多店舖都有聘請華僑或其他國家工作人員的關係，讓很多遊客來此都覺得非常好逛，因為在語言上沒有隔閡，自然消費金額也會無意中增高。

然而除了吃喝玩樂這個部分，明洞其實在早期一直都是韓國政治示威遊行的發生重區，尤其在 1980~1990 年代相當常見，而明洞聖堂是最常被作為示威遊行的地點之一。

但說來也好玩的是，明洞聖堂這個地方也是許多韓劇取景拍攝之地，因為這座天主教堂是一座哥德式建築，建築非常特別美麗，很適合喜歡拍照打卡的人到此一遊。

至於遊客非常需要的換錢問題，明洞就是個換錢的好地方，有名的民間換錢所都在明洞的大使館前，而且匯率是首爾市區換錢匯率最好的地方，大使館換錢、大信換錢與一品香換錢，這三家換錢所的匯率甚至比在台灣銀行或是機場兌換還要好。

另外明洞對遊客也很友好的地方是此地有免稅店，這對想購物的遊客來說真的是一大福音，如樂天百貨免稅店、新世界百貨免稅店等等，規模宏大好逛又好買，而且免稅店的好處就是不用買了之後還要去機場辦理退稅，所以像這類的商店通常店內都非常多遊客，場面在全盛時期可說是有點混亂。

所以如果不想人擠人，除了避開高峰時間來採買外，也可以去其他店鋪逛一逛，明洞此地能逛的店鋪數量超多，而且如受歡迎的韓國零食、泡麵、美妝等等，在明洞都可以一次購足，不用怕買不到心儀的品牌，只怕錢包不夠厚，不能把喜歡的東西都打包帶走。

至於交通方面，要前往明洞也相當便利，只要搭乘首爾地鐵就可以到達，明洞商圈就位於地鐵四號線「明洞站」與二號線「乙支路入口站」之間，如果要從機場直接到明洞也有巴士可以搭乘。

而很多去過明洞的人都知道，此次有亂打秀及塗鴉秀可以欣賞，也有到韓國必定要體驗的汗蒸幕，所以才說來明洞真的是吃喝玩樂樣樣具備，一整天都待在明洞商圈也不覺得無聊。

尤其是在吃的部分，明洞有不少好評的美食店，種類也相當豐富，著實該好好介紹一下，因為有些美食真的是錯過可惜。

吃喝玩樂好所在—明洞（下）

說實話如果對明洞有非常深的執念，真的非常建議到訪韓國時，直接住在明洞，一來可以不受時間交通拘束逛個過癮，二來也因為時間充足所以可以發掘到明洞更多比較罕為人知的店鋪。

不過民以食為天，旅行時與美食相遇乃是人生一大樂事，而以在明洞此地來說，確實有許多美食值得一嚐。

首先在街邊小吃的部分，韓國雞蛋糕、辣炒年糕、鯛魚燒，韓劇裡常見的魚糕、血腸及海苔飯捲等等，都只能算是一切美食的基本，是逛街時墊墊肚子的好朋友，不過如果想真正坐下來大快朵頤，接受韓國美食的心靈療癒的話，那麼找間口碑好味道佳的店鋪就是一大重點。

如果喜歡吃韓國嫩豆腐鍋，那麼千萬不要錯過乙支路入口站附近的「庭院嫩豆腐鍋」（정원순두부）。

店鋪門口很貼心備有中文、英文、日文、韓文對照的菜單，開業逼近50年的年資在韓國算是間有資格的老店。

這間餐廳很特別是位於地下室，裝潢風格為韓式家庭風格，還有一些紅磚點綴及還有一些充滿現代感的打燈，給人感覺很不一樣，也給人一種類似在日本居酒屋的感覺。

而在食物的部分，主食大約有九種，價位落在1萬韓圜內，算是平價料理，菜單上有標註嫩豆腐鍋的食用方式，對初次拜訪的人來說真的很暖心，但要注意的是此店鋪的料理大多偏辣，如果是嗜辣的人前來應該會很開心，但如果不擅吃辣的人就要特別注意了。

另外還有「黃金牧場烤肉」(황금목장)，這間韓國人很推薦的烤肉店，這間店可是有專人桌邊服務的烤肉店，基本上根本不用自己動手就可以快樂吃肉，對很多人來說是優點之一，但對於吃飯時不喜歡被

陌生人打擾的人來說，可能就比較不能適應。

至於食物方面，只能說基本上不會讓人失望，黃金牧場烤肉此店的特色就是使用肉質絕佳的雪花韓牛，但相對的價位就比較高一些。

而除了烤肉之外，店裡也有生章魚、牛排骨湯、牛肉湯飯、韓國大醬湯、嫩豆腐湯、海鮮煎餅、石鍋飯、蔘雞湯、醬油蟹、拌冷麵等等料理，幾乎可說是想吃什麼韓國料理這邊有了大半，對於想嘗試很多口味的人頗為便利。

特別要說的是，這間烤肉店的小菜是自助式的，基本上小菜部分有十種可以選，如生菜沙拉、辛奇、蘿蔔辛奇、醃漬小菜等等，讓人感覺相當愉快。

但如果喜歡燈光美氣氛佳店舖的人，那麼明洞這邊的咖啡店就千萬不要錯過，因為明洞這個區域有非常多很有風格或很美的咖啡廳，而且食物也很美味。

如知名的Innisfree Green Café，這間咖啡店的是Innisfree這個品牌旗下的，這個品牌一直以來都是以大自然為靈感，而Innisfree Green Café自然也是離不開此種風格。

Innisfree Green Café不只店內裝飾是以大自然的風格為主，而餐點部分像是沙拉、蔬果汁、舒芙蕾等等都是以花草做點綴，食物好吃又上相，真的很值得一來，享受一下在城市中沉浸在大自然裡的舒適氛圍。

說來明洞就是個對外國人很便利之地，因為語言交流無障礙的關係，成為一個在遊客心中好逛好買好吃好玩的天堂，吃喝玩樂樣樣不缺，完全不用怕無聊，彷彿只要在這個區域，就可以開心上一整天。

貼近藝術表演——明洞藝術劇場

明洞應該是很多人前往韓國首爾的必逛之地，但可能比較少人知道明洞這邊還有個藝術劇場。

這個明洞藝術劇場其實是個舊建築物翻修之後才出現的產物，也可以把它當成是一個舊文化場地涅槃重生後的新氣象展現之地，因為在明洞藝術劇場出現前，此地其實叫做「明洞國立劇場」。

從1934年至1973年為止，舊明洞國立劇場都很盡責地在扮演它的角色，讓很多藝術表演工作者的才華在此地可以得到施展，此地也幾可稱得上是韓國文化藝術方面的先驅場地，舊時擔負著電影院、表演場、藝術劇場等等功能，地位不容小覷。

不過在1975年，舊明洞國立劇場還是消失在人們的視線中，直到2009年才得以重見天日，但名稱已非舊名，而是改成「明洞藝術廣場」。

重新來過的場地並非全面物是人非，讓人很驚喜的是新劇場的外觀竟然還維持著舊劇場的容貌，只是內部全面重新裝潢，但這也是沒辦法的事，畢竟看劇賞劇就是一場視覺饗宴及聽覺盛宴，所以要讓人看得舒服聽得享受，硬體設備就顯得相當重要，這也是為什麼舊劇場在變身之後會保留外觀卻對內部進行全面整修的原因。

總之不管如何，頂著相同的臉蛋，但骨子裡卻已經變身為新時代人物的明洞藝術劇場就在 2009 年 6 月 5 日正式與世人見面，並在當日進行了首場演出，揭開了新劇場正式營運的幕簾。

新劇場擁有 558 個座位，重新整修的成果也展現在觀眾眼前，觀眾驚喜的發現自己與舞台上的演員之間，視線作了很妥善的調整，而且自己與舞台的距離也拉近了些，這讓人看起表演更有臨場感，也讓人更容易投入其中。

而且在到訪過後好奇之下上網查詢得知，此劇場還於 2011 年開辦國家話劇少年兒童戲劇研究所，全面展開兒童少年劇的研發工作，為有表演熱枕與天份的青少年提供一個可以發揮及學習的場所。

而改建後新劇場也多了咖啡廳可供觀眾在散場後品一品咖啡香，畢竟都已經抽出時間悠閒地看完劇了，何不在劇後也放慢腳步，放任自己享受香氣環繞的舒暢感，再與同行者聊一聊觀劇後的感想或感受，相信會讓這場觀劇之旅更加圓滿，這可能也是新劇場成立咖啡廳的因素之一。

況且老實說新劇場的票價大多都在一般人可以接受的範圍，如果到訪韓國時間許可的話，來一趟比較特別的文化體驗或許也是很不錯的選擇，畢竟出國遊玩很多時候都會把重點放在吃吃喝喝及購物上，文化體驗這一塊是比較少涉及的領域，偶爾來場劇場洗禮不僅可以了解他國在表演上與平時常見的表演有何不同，也可以讓自己的心靈得到不一樣的提升，著實不虧。

忠烈永存——李舜臣銅像

2014年韓國上映了一部名為《鳴梁：怒海交鋒》（台譯）的電影，而這部電影一出即大受歡迎，創下了韓國影史不少紀錄，因為這是韓國電影首次把萬曆朝鮮之役時期的鳴梁海戰搬上大螢幕的作品。

這場戰役在韓國歷史上可謂相當知名，而此戰役的主人公，或者說是大功臣就是李舜臣將軍。

對於李舜臣此人，不熟悉韓國的人或許會有點陌生，但如果到訪過韓國的人，曾在光化門駐足的話，那麼對世宗大王及李舜臣銅像一定不陌生，因為他們很久以前就被置放在此，一王一將軍彷彿還在聯手守護著韓國。

其中李舜臣將軍會如此知名，原因無它，就是因為戰功赫赫，但就算是這樣名留青史的大人物，在仕途上一開始也是相當不順利的。

李舜臣在開城出生，31歲才武科舉及第，之後職位升升降降，一直到46歲才藉著好友之力當上全羅左道水軍節度使。

根據李舜臣親筆書寫的《亂中日記》中可以得知，在日軍前來攻打韓國時，他正駐紮在全羅南道的麗水港，而在日軍登陸釜山的隔天，他就已經得到消息，所以趕緊派人四處打聽消息，想辦法欲集結全羅道及附近的水軍，想著伺機反擊這件事。

當然這件事並不算順利，畢竟當時的情況對韓國相當不利，但是李舜臣並沒有放棄，在雙方實力懸殊的情況下，非常艱難地獲得了勝利。

後來他又與明朝水師提督陳璘和副總兵鄧子龍共同指揮12艘聯合艦隊，再一次取得勝利，不過也是在這時，下令追擊的他被流彈擊中，但他面對死亡毫不畏懼，只是怕戰敗，所以讓長子及侄兒不得發布他去世的消息，反而要侄兒穿上他的盔甲，以假亂真讓士兵及敵人都以為他還在，最後此戰日船幾乎全滅，死傷數以萬計。

就是這樣一個英雄讓《鳴梁：怒海交鋒》的導演金韓旻決心要拍出李舜臣的忠烈無懼，出生在李舜臣將軍故鄉的金韓旻在 2008 年就開始籌拍，前後總共花了四年才完成。

但不得不說這樣的付出是值得的，因為這部電影大受歡迎，有些韓國人甚至是因為這部電影才了解原來李舜臣將軍如此忠烈愛國。

所以為何李舜臣將軍的銅像會被擺放在光化門，由此就可知其原因，畢竟像這般英勇為國的人物，的確有資格受人瞻仰。

不過除此之外，其實光化門會擺放李舜臣將軍的銅像聽聞還有另一個原因，那就是風水問題。

位於國家心臟地帶的光化門十字路口，當時被風水學者指出，世宗路與太平路被貫穿，位於南邊的日本氣勢會撲天蓋地而來，所以必須抑制這個情況，而想出的解決辦法就是擺放李舜臣將軍的銅像。

姑且不論此法是否有用，但可由此見李舜臣將軍在韓國人心中就是一個日本人會懼怕的人物，再者就是一個強大的守護形象，最後則是帶著紀念及供人瞻仰的意味。

「挺拔傲立，正氣凜然」八個字，足以用來形容位於光化門的李舜臣將軍銅像，銅像高約17公尺，除了銅像本身之外，周邊還有一艘龜甲船及兩座大鼓模型，很明顯就是在說明李舜臣將軍在海戰上對韓國的貢獻。

由無名到知名——汝矣島（上）

誰會想得到如今在韓國地位相當重要的汝矣島，在朝鮮王朝時期竟然是一個無人居住的小島，而汝矣島島名的由來，也頗讓人意外的是因為漢江。

據悉漢江發洪水的時候，汝矣島大部分的地方都會被淹沒，所以得名「汝矣島」，也相信當初在為汝矣島命名時，並沒有想到此島在很多年後會變成全韓國地價最貴的地方之一，而且還是韓國一些集團及電視台的總部所在地。

但汝矣島的輝煌還不僅於此，先是韓國國會議事堂在 1975 年搬至汝矣島，隨後韓國證券交易所及韓國金融投資協會也搬遷至此，再加上韓國最高商用大廈63大廈、首爾國際金融中心及南韓最大基督教教堂汝矣島純福音教會的進駐，讓汝矣島的身分更加水漲船高，甚至有「韓國的華爾街」之稱。

然而追溯到早前，汝矣島最初開始受關注是在 1916 年，開始被日本人用來做飛機跑道，1924 年被擴建成首爾首座機場，於 1971 年停用。

基本上愛看韓劇的人都知道，汝矣島是韓劇熱門取景地，如城市獵人、寵物情人、藍色大海的傳說、IRIS 等等，都在汝矣島拍攝過，而在韓綜的部分，Running Man 也曾出現在汝矣島，真真可說是相當熱門。

而位在汝矣島上的汝矣島公園甚至有個說法，說如果中央公園代表紐約，海德公園代表倫敦，那麼汝矣島公園就是最能代表首爾的公園了，可見汝矣島今時今日在韓國的地位早已不同往日。

但在汝矣島公園出現前，就像開頭所言般，汝矣島本來可是被當成機場使用的，也在之後被廢棄，這個曾經被遺棄置之不理的地方是在 1997 年 4 月開始施工。

當時韓國政府的改建概念是要將汝矣島打造成青山綠水的概念，最後汝矣島公園於 1998 年 10 月開始部分開放，並於隔年 2 月全面對外開放，而不可諱言汝矣島公園現在已經成為市民非常喜愛的休憩空間，時常可以看到有人在此野餐，可見此地讓人感覺非常舒適愜意，才會有許多人都願意帶著家人或情人來此散步、運動、騎腳踏車等等。

尤其汝矣島公園栽種了許多櫻花，是個很熱門的賞櫻地點，基本上每年四月到了櫻花花期，輪中路的道路兩側就會有約 1,400 多株櫻花綻放，形成一條頗長的圓形隧道，而這就是汝矣島相當著名的「櫻花隧道」。

如此絕美的景象可說是讓人們不管壅塞或任何情況也想前來一觀，畢竟那粉色世界擁有無可取代的療癒力，對於現代繁忙的人們來說，大自然的療癒相信是最好的良藥了。

更別提在櫻花時節汝矣島有「櫻花節」這個慶典，這可是首爾規模最大的櫻花活動，輪中路也因此更加熱鬧，再加上「首爾夜貓子夜市」的加持，在這個時期到訪汝矣島絕對不會無聊，因為櫻花節有表演可以看，而夜貓子夜市有好吃的可以填飽肚子。

雖說因為疫情關係在2020年~2022年取消舉辦，但相信在疫情平靜過後，不管當地人們或是遊客，都能再見識到盛大的櫻花節重新開幕。

而當然，汝矣島公園的有趣好玩之處上述這些，經過漢江重整工程後，這個公園增設了很多設施，如水上舞台、水光廣場、鋼琴水道等等，這些景點也在之後迅速為人所喜愛，再加上除去櫻花節與夜貓子夜市外，十月也有首爾國際煙火節在此舉辦，所以汝矣島公園可說是一年到頭都很熱鬧，一年到頭都非常受人喜愛。

不過汝矣島可不是只有公園而已，它還有很多地方等著遊客前來探索，一窺它的全部面貌。

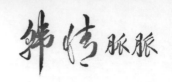

由無名到知名——汝矣島（下）

在上篇說到，汝矣島的好玩有趣可逛之處絕對不僅僅只限汝矣島公園，而認真要說的話，全首爾最大的百貨公司「汝矣島現代百貨」勢必得先出場讓人一窺它霸氣的規模。

這間 2021 年才開業的百貨公司可是現在韓國最紅百貨公司，集購物、美食、室內植物園、人工瀑布、公演場地及文化空間於一身，可說是就算一整天耗在此地也不會無聊。

千萬不要不相信這個說法，因為汝矣島現代百貨的總營業面積達到八萬九千一百平方米，有超過 100 間餐廳，還有許多國際名牌、大小品牌進駐，有選擇困難症的人在此可能要跟自己搏鬥很久才能決定要進入哪家店吃飯又或是該帶哪樣自己心儀的物品回家。

不過如果就是對新開的商店沒興趣，就想逛逛韓劇裡曾出現的老地方的話，那麼 63 大廈就是個好選擇了。

63大廈是位於首爾市永登蒲區汝矣島的摩天大樓，地上共有60層，地下則是3層樓，姿態高聳好似矗立於空中，而這裡也因為高度成為一個賞夜景的好所在。

在此看景不但可以將漢江從廣渡门至幸州大橋的景色盡收眼地，還可以見到南山、北岳山、冠岳山的美麗景色，而除上述之外，首爾江南江北的全區風光也不會被遺漏，總之近看是景遠眺也是景，登上63大廈看景是絕對不會讓人失望的，而且不管白天黑夜都是如此。

不過，相信很多人都覺得既然來63大廈了，那麼看夜景應該是更好的選擇，這可能得歸功於韓劇在拍攝部分總是把63大廈的日落及夜景拍得相當美妙動人，至於到底真相如何，就有待遊人到此親自一觀了。

然而問題來了，如果早早到訪了63大廈卻又因為想看夜景不想那麼早登頂該怎麼辦？

不用擔心，63大廈有「63City 海洋世界」，包準不會無聊，而且還會讓人一入就差點忘了自己其實本來是來63大廈看景色的。

當然 63City 海洋世界是需要門票的，如果可以的話其實事先購買好會比較方便，而且通常會有可以參觀海洋世界又可以到展望台看景色的二合一優惠，所以情況允許的話，建議先購票再前來63大廈。

63City 海洋世界位於63大廈的B1，館內大抵分為兩個部分，在GF層有水行星谷、水獺星球、水行星花園及黃金奇蹟區，至於B2層則是有神奇的美人魚、企鵝星球、海豹星球等等區域，而許多到訪者在來過之後最為推薦的就是「美人魚秀」。

這被稱為 63City 海洋世界絕不能錯過的一場秀是由美麗的女孩穿著魚尾裝在水裡恣意遨遊，跟觀眾訴說著海底動人的故事，而且結束後美麗的公主還會跟大家 SAY GOOD BYE，實在是非常特別的體驗呢！

不過如果先看過美人魚秀的人也不用失望，美人魚秀雖然精彩，但是館內還有其他地方等著到訪者探索，就如水行星谷可以看到生長在峽谷與瀑布下的生物，精美的圖示與解說讓人得以更了解這些生物的一切。

然後進入水獺星球看看超萌超討人喜歡的水獺家族，用牠們可愛的模樣療癒一下身心靈，接著進入水行星花園，感受那熱帶雨林之中蘊藏的奧妙，近距離體驗亞馬遜雨林的樹木底下到底藏了多少未知。

至於黃金奇蹟區看的可不是黃金，而是水母！

利用光影與燈光的設計點綴發光的水母是此區的特色，莫名讓人有一種在星際遨遊的錯覺，著實不該錯過。

然而不該錯過的當然也不是只有上述這些，如果很喜歡動物，那麼63City 海洋世界的餵食秀就該看個過癮！

千萬別擔心自己會顧此失彼，63City 海洋世界都幫大家安排好時間了，所有的秀時間都是錯開的，所以不用擔心自己看了水獺進食就失去看企鵝吃飯的機會，也不用擔心水獺跟企鵝都看了但是漏了其他魚類，只要有預備在63大廈待一整天直到看完夜景才離開的打算，那麼就一場秀也不會錯過！

總結來說汝矣島真是一個吃喝玩樂都不會讓人失望的地方，文武兼備動靜皆宜，也難怪會成為韓國人及訪客都很喜歡的地方之一。

快樂遊玩一整天——樂天世界

有在關注韓國的人應該對樂天集團這四個字不陌生，而「樂天世界」就是樂天集團所建造，於 1989 年開業，平均每年遊客量約 800 萬人左右。

整個樂天世界是由許多部份組合而成，裡頭包含大型室內主題公園、戶外遊樂園、商場、酒店、民俗博物館、體育設施以及電影院，地點與地點之間由單軌鐵路連接，來往相當方便。

而其中「樂天世界室內主題公園」更是僅次於阿拉伯聯合大公國的阿布達比華納兄弟主題公園及杜拜 IMG 室內冒險樂園的世界第三大室內遊樂園。

由於樂天世界位置交通相當便利，又是一個規模宏大且幾乎算是應有盡有的娛樂場所，所以不但是當地人想娛樂一下的首選之一，也是旅客們相當喜愛的景點之一。

在遊樂園的部分，樂天世界大致分為兩個區域，分別是位於室內的Adventure與位於室外的Magic Island兩個區塊。

原則上Adventure裡的設施比較溫和適合親子同玩，其中較熱門的設施有The Conquistador、French Revolution VR、Aeronauts Balloon Ride、Pharaoh, s Fury、Giant Loop、Fantasy Dream、Flume Ride、Dragon, s Wild Shooting、Jungle Adventure、World Monorail等等。

至於Magic Island的部分則是以The Haunted House、Swing Tree、Gyro Swing、Atlantis、Gyro Spin、Bungee、Gyro等等幾個設施較為人喜愛。

而樂天世界也同樣像其他樂園備有類似快速通關的票券，只要是設有Magic Pass通道的遊樂設施，都可以使用Magic Pass，所以如果不想等候太久，除了門票附贈的三次外，記得再加購Magic Pass，想要多使用幾次就加購幾張，遊玩的速度會加快一些，因為花錢買的

Magic Pass不需要先抽先預約，只要是花錢買的Magic Pass，想玩就直接走專屬通道，感覺很威呢！

尤其可以使用Magic Pass的設施很多，比較熱門的有Drunken Basket、Dragon Wild Shooting、Jungle Adventure、Bungee、Bumper car、Gyro Swing、The Conquistador、Pharaoh，s Fury、Atlantis、French Revolution VR、The Haunted House、Aeronauts Balloon Ride、Gyro、Giant Loop、Swing Tree等等，任君挑選，瀟灑進場就是Magic開始的時刻，想想就令人興奮不已。

另外要特別注意的是，園區內也是有遊行的，所以要注意時間，不要在遊樂設施上或進食中眼睜睜看著自己錯過了遊行，這可是會讓人捶心肝的事呢！

但倘若玩累了又或是對遊樂園沒有太大興趣怎麼辦？

逛街總有興趣了吧？

就算沒去過韓國的人也應該都聽去過的人說過，樂天超市超級好買，而實際上的確是如此，尤其是那種「來都來了」的心態跑出來後，可是很多人都會迅速轉為失心瘋模式呢！

可如果連逛街都沒有興趣呢？

不要緊，有個隱身在樂天百貨裡的水族館可以療癒心靈！

可別以為這個水族館一定是小小的，它可是貨真價實的水族館，一點也不小不說，逢年過節時還會換上應景的佈置，絕對不能用陽春或敷衍來形容它，人家可是很有誠意的水族館唷！

不僅有大型的水族箱及餵食秀，魚的種類也相當豐富，不管是江河內、沿岸、海洋裡、亞馬遜等等型態或區域的水裡生物，這邊很多都有，而且還有一條全長85公尺的海底隧道！

真的不誇張，很多人來之前就是抱著「反正就是水族館」的心態，但來了之後完全被震撼，沒想到在百貨裡有療癒的區域，完全撫慰了疲憊的心靈，彷彿來了趟洗滌心靈的深度之旅。

不過如果不喜歡海洋，那麼到樂天世界內民俗博物館看看歷史或參觀一下韓國古文化也是很不錯的。

這個民俗博物館以介紹舊石器時代至日據時代為止的韓國歷史為主，用模型再現舊時風貌，包括原始時代、高句麗時代、百濟時代、新羅時代及高麗時代，以相當生動的方式讓遊客知道韓國各個時代不同的生活形態與文化。

總歸來說，樂天世界也是一個來了之後可以待上一整天的地方，不管是要玩喝玩樂還是要洗滌心靈或增廣見聞，這裡都不會讓人失望，也難怪會成為如此熱門的景點之一，著實有其獨到之處，堪稱優秀，令人激賞。

炙烤香氣繚繞——韓式烤肉

韓式烤肉是朝鮮族一種傳統的烤肉方式，他們慣用的器具為生鐵鍋、生鐵板、銅板、銅鍋等等，而食材大部分以醃漬的肉類和海鮮為主。

而這種烹製肉類的方式據說是源自高句麗的「貊炙」，這種烹製方式是用火炙燒沒有醃漬過的串燒肉；而到高麗王朝時期則是演變成「雪夜覓炙」，白話一點來說是就在雪夜裡吃的烤肉。

最後在朝鮮王朝時期，像韓式烤薄牛肉片這類的炙烤料理則是被歸類為宮廷及上兩班專享的料理，當時韓語稱為너비아니구이，由此也可知烤肉可說是直至近代才逐漸流入民間，成為一種很受歡迎的宴客料理。

說來韓式烤肉最大的特色之一，那就是服務員會時不時前來進行桌邊服務，就如若要燒烤一整條五花肉，服務員便會來將肉放入烤熟，且會將其剪成一口大小方便顧客食用，可說是服務非常周到。

而且在韓國用餐永遠不用害怕菜色太過單調，通常進餐廳之後那一盤盤韓式小菜就足夠讓人垂涎三尺，更別提通常這些韓式小菜都是無限量供應，愛吃多少就吃多少，尤其是在吃韓式烤肉時，以蔬菜包裹肉片與韓式小菜一同入口，豈是美味兩個字就足以形容，根本是天堂呀！

像韓式烤肉這等美味，真真是深受韓國本地人及旅客喜愛，在韓國甚至有「夏天吃冷麵，冬天吃烤肉」這樣的說法，可見韓國人對韓式烤肉的喜愛與執著，讓韓式烤肉在冬季想吃食物排行榜上總是名列前茅。

目前比較常見的韓式烤肉大抵分為兩種，一種是「銅盤烤肉」，一種是「鐵盤烤肉」，而後者也有以鐵網替代鐵盤這種方式。

通常而言，銅盤烤肉的肉類會先醃製過再烤，基本上也以瘦肉多的肉類為主，而且在烤時會把肉類放在銅盤中央凸起之處，而外圍的凹陷處則會放蔬菜類或是泡菜烤製，這樣的做法有一個好處就是當中央高處的肉類逐漸熟透後，流出的肉汁就會往下流，為蔬菜類增添不同的風味。

至於鐵盤烤肉則就和銅盤烤肉的烤製方式完全不一樣了，首先鐵盤烤肉的肉類通常是不醃漬的，因為鐵盤烤肉的肉類是烤好後才就著醬料吃，而且鐵盤烤肉常使用的肉類品項也與銅盤烤肉不同。

有別於銅盤烤肉幾乎都使用瘦肉部分較多的肉類，鐵盤烤肉最常見的豬肉品項卻是五花肉，而在牛肉部分則是以牛里脊、牛頸肉、排骨、前腿肉、牛舌等等肉品較為常見。

可能有人會有疑問，說也不是只有韓國有烤肉這種料理，憑什麼韓式烤肉好像硬生生就是比較出名一點，而且大眾接受度非常高。

想來這可能是因為韓式烤肉不同於其他國家的烤肉是烤熟就吃，韓式烤肉因為有許多韓式小菜搭配加上總是習慣佐以多種類生菜，讓味蕾在食用的過程中一直產生不同的衝擊。

吃一頓韓式烤肉卻因為配菜豐富而有無限的搭配方式，感覺是除了吃進美味外，也讓人有一種想找出最優秀搭配的衝勁，所以就忍不住一口接一口，邊吃還邊看，想著下一口要拿什麼搭配什麼才能贏過現在口中這滿溢的香氣與多汁。

也是因為如此，很多到訪韓國的旅人總不會忘記要安排上一兩頓烤肉，讓那誘人的美味在舌間流竄，在心裡留下到韓國一遊的印記。

溫暖療癒沁入心脾——
雪濃湯與牛骨湯

似乎很多人都把韓國的「牛骨湯」與「雪濃湯」搞混，實際上這兩種湯品可不是同一種食品，而是兩個很相似但實質上不同的個體。

這兩種湯都是使用牛骨熬湯做成的料理，一般而言雪濃湯是用牛腿骨、牛膝蓋骨、牛胸骨、牛腱、牛舌、牛肺和雜骨熬製而成，而牛骨湯則是放入牛胸骨、牛腱、牛腸及牛胃等等食材，再加上白蘿蔔或海帶一起熬製，而且在吃法上也有所不同。

雪濃湯並沒有加入醬油及大蒜，吃的時候每個人依照自己的口味放入鹽巴調味，而且蔥花是在要吃時才灑上，至於牛骨湯則是在熬煮時就放入蔥一起熬煮，兩者差異由此可見。

關於雪濃湯的由來可說是眾多紛紜，有一派人士認為雪濃湯是一種從朝鮮時代就開始食用的傳統料理，起源來自朝鮮的君王在先農壇舉行祭祀典禮，而此湯就是君王為了賜食給百姓所誕生。

這個說法算是比較受到肯定的，因為首爾市東大門區廳以先農壇設於東大門祭基洞為依據，在2015年設立了先農壇歷史文化館，而且在第二展示廳詳細介紹了雪濃湯的由來。

根據介紹，雪濃湯的原意是「在先農壇賜予的湯飯」，因此最早的名稱是「先農湯」，後來是因為發音的關係，先農湯演變成雪濃湯。

不過這只是其中一個說法，另一個說法則是雪濃湯中的「雪濃」兩字來自蒙古語，而這也不是道聽塗說，是有多位專家提出相同的看法，說雪濃兩字起源於中世紀蒙古語「syuru（슈루）」或是「syulru（슐루）」。

據說因過著游牧生活而仕在蒙古包裡的蒙古人，他們有一道料理叫做「空湯」，這是一道將整塊牛肉、羊肉或山羊肉放入巨大鐵鍋倒水

一起煮熟，再把烹製好的肉塊用鹽調味後吃的料理，而「syuru（슈루）」或是「syulru（슐루）」指的就是煮肉的肉湯，也就是高湯的意思。

至於這個說法的最強佐證應該追溯到 1790 年朝鮮正祖時期方孝彥編撰的《蒙語類解》，書中記載了「空湯」一詞，而且還加上了「煮肉的湯汁」這樣的註解，甚至也有提及「syuru（슈루）」。

而按照常理來說，像這類帶有湯字的料理，一般都會把食材的名稱放在前頭，就如牛骨湯，所以這些支持第二個說法的學者們是認為，即使雪濃湯的起源是先農祭，但把神祉的名字放在湯的前面似乎不太合乎常用的語法構成習慣，所以雪濃湯源起蒙古這個說法比較符合邏輯。

不過關於這個說法，因為涉及跨國問題，雖然有多位學者提出不同的說法解釋，但接受度並不高，可即便如此，還是不妨礙雪濃湯的美味，它依然是一道撫癒人心的溫暖料理，這一點是絕對錯不了的。

至於牛骨湯那就沒那麼複雜了，如果真要把複雜兩個字跟牛骨湯沾上邊，那就只能說它的美味程度很複雜，是讓人想一吃再吃的美食，尤其是在寒冷的冬天，這類的湯品對人們來說就是一種救贖。

牛骨湯作為韓國全羅南道羅州市的鄉土料理，可說是廣為人知，當然一部分的原因是因為它很美味，加入許多牛肉與牛內臟的湯汁清澈清甜，帶著濃郁誘人的香氣，真是令人想想就覺得很療癒。

基本上牛骨湯大致分為兩種類，一種是「牛尾骨湯」，另一種是「牛膝骨湯」。

前者是使用牛尾骨以長時間熬製軟爛，柔嫩的肉沾醬料吃堪稱一絕！而後者是此用牛蹄子上的筋腱，所以有豐富的膠原蛋白，嚼勁佳口感好，非常受到喜愛。

而且在韓國來說使用「牛」做出的料理就是彌足珍貴，會讓人有一種非常有誠意的感覺，所以在韓國70~80年代，婚宴上經常可以見到牛骨湯，是新人們滿懷誠意用來招待賓客的料理。

說來其實不管是雪濃湯還是牛骨湯，像這類熱騰騰的飲食本就有著神奇的魔力，看著冉冉升起的白煙，然後拿起湯匙舀上一口芬芳香濃的湯頭入口，那一瞬間感受到的熱度，真真是沁人心脾溫暖身也暖心。

韓國五大宮之首──景福宮（上）

景福宮是韓國知名五大宮中規模最大，也是設計最為美麗的宮闕，根據記載可以得知，曾在景福宮勤政殿登基的朝鮮君王有定宗、世宗、瑞宗、世祖、成宗、中宗及明宗等等。

景福宮於 1394 年建成，建成年間正是朝鮮首位君主李成桂在位之時，之後太宗與世宗統治朝鮮的 200 年間，景福宮被不斷擴建，然而不幸的是在 1553 年卻發生了慘劇。

一場大火讓景福宮幾乎可稱是面目全非，雖然明宗下令進行大型修復，但在 1592 年萬曆朝鮮之役爆發，景福宮不幸被夷為平地，所以主事處移往昌德宮，而景福宮就這樣荒廢了兩個世紀。

但這不是景福宮悲劇的結束，在 1867 年重建完成的景福宮雖然擁有宏大的規模，也再度成為重要之地，但 1895 年明成皇后被暗殺的事件徹底讓景福宮與朝鮮皇室脫鉤。

接著在1911年，日本侵略朝鮮，景福宮許多建築都被日軍拆毀，僅存十座建築，爾後經歷日據時期與韓戰摧殘，景福宮仍屹立不倒的建築物竟只剩琴正殿、慶會樓、香遠亭三座。

景福宮顛沛悲慘的命運自此才算告一段落，在韓國獨立後，景福宮步上了重生的道路，之後歷經許多次整理修復，才算還給景福宮一個應該有面貌，而涅槃重生的景福宮也踏上了與以前不一樣的使命道路。

以前的景福宮是朝廷重地，現在的景福宮內有韓國國立民俗博物館，讓到訪的人可以了解很多史實與史料，而除此之外，景福宮也成為韓國許多宮廷劇的拍攝場地及外國旅客參訪之地。

身為皇宮，景福宮的地理位置自然不會很偏僻，事實上景福宮就位於首爾中心地帶，在東大門、明洞、弘大等等知名地的北邊，在交通上也很方便，只要搭乘首爾地鐵三號線至「景福宮站」或是五號線至「光化門站」，最多步行約十分鐘即可到達，另外如果不想搭地鐵，那麼搭公車也是個不錯的選擇。

整個區域為正方形的景福口在東南西北四個方位都有入口，比較有名的是位於南邊的正門「光化門」，其他則分別是東邊建春門、西邊迎秋門、北邊神武門，至於館內的博物館則是位於東面。

然而入景福宮是要門票的，不過去過的人應該都知道，要免費進入景福宮只要一套韓服就夠了，這也是景福宮會有許多穿韓服的人四處拍照留念的原因，因為可以有韓服體驗又可以免費入景福宮，很多人都很願意嘗試看看，體驗一下身著韓國傳統服飾又身在韓國古時殿宇中的滋味。

進入景福宮之後，有幾個景點，又或者說是幾個重點參觀區域是不能錯過，例如勤政殿、交泰殿、慈慶殿、慶會樓、香遠亭、千秋殿等等。

其中勤政殿是韓國國寶第223號，別稱「法殿」，是朝鮮君王舉行對中國禮儀（正至及聖節望闕禮、皇太子千秋節望宮禮、拜表儀、為皇帝舉哀儀、成服儀、舉臨儀、除服儀）、朝賀儀式、王世子冠禮、國王納妃禮、冊王世子禮、王世子納嬪禮，以及召開養老宴、飲福宴等宮廷宴會時的地方。

而接見外國使臣此類活動也均在勤政殿進行，至於殿前的廣場上，那些「品階石」則是於東西兩側整齊排列著，文官居東，武官居西，並依照階級高低排列。

而朝鮮君王倘若平日要與大臣議事，則是會安排在勤政殿後方的「思政殿」，然而提到思政殿就不得不提「千秋殿」，它就位於思政殿西側的便殿，是朝鮮世宗大王與眾學者們發明韓國文字的地方，對韓國歷史文化來說是相當重要的所在。

交泰殿則，是王妃的寢殿，因位於整座宮闕的中央，故又名「中宮殿」，而中殿一詞也常被用來代稱王妃，如一些韓國歷史劇中就常可以看到。

至於慈慶殿則是韓國國寶第 809 號，位置處於交泰殿東北、峨嵋山正東，殿西邊的紅牆上有松、竹、梅、菊、竹子、牡丹、蓮花等圖案，及「萬字不到頭」花紋。

接著是重磅地「慶會樓」，它位於修政殿之北，是一座二層樓的建築，四周有圍牆，東為含弘門、西為天一門。

慶會樓建築為干闌式，底層用二十四根石柱架空，上為面闊七間、進深五間的歇山頂樓閣，四面開敞，景色優美，為朝鮮君王招待外國使節時所使用之樓閣，也曾在此舉行殿試。

坐落於方池之內慶會樓，池中另有兩座小型方島，象徵「一池三山」之制，在燕山君時期曾在慶會樓西側築有萬歲山，山上設蓬萊宮，周圍設萬歲宮、鳳來宮、日月宮、禮珠宮、白雲宮等五宮，實為小型的單體樓閣建築，裝飾以金銀綢緞和各種彩絹。

慶會樓是舉行王室的隆重宴會或接待外國使節的地方，在西元1867年重建，占地面積約為282坪，是景福宮內現存最大規模的木製建築，第二層有三重構造，最高的中央3間，象徵著天、地、人，外邊12間代表了一年有十二個月，最外邊的24根柱子象徵著24節氣等等。

最後是「香遠亭」，此乃西元 1873 年在建造乾清宮時在其南邊挖掘的池塘，中有小島，上面建造二層的香遠亭，實際是閣樓式建築。

就因為景福宮是韓國五大宮殿規模之首，所以除了上述這些景點外，其實還有許多地方，而且除了走走逛逛之外，探索景福宮的有趣程度遠遠不僅於此，還有許多新奇等待遊客挖掘呢！

韓國五大宮之首——景福宮（下）

景福宮開放的時間是韓國時間上午九點，但不妨早一點到達且從光化門進入，如此一來可以避免與旅行團或是當地旅遊團等等比較大型的團體產生推擠碰撞。

而特別會提到時間的原因是因為景福宮有個特別的換崗儀式，每星期除了星期二之外，每天早上10點和下午2點都會舉行此儀式，儀式時間約莫20分鐘，強烈建議在儀式開始前提早到達，找個好位子才能觀看到好表演。

換崗儀式除了守門將會換上傳統服裝外，還會手持古代朝鮮守門將的複製版武器，造型非常逼真不說，場面與氣勢都很盛大，非常值得一觀。

但值得一觀的遠不止於此，除了上篇提到的一些景點外，要特別介紹的就是國立民俗博物館、韓國國立古宮博物院及集玉齋這三個地方。

首先是集玉齋，此地曾是朝鮮高宗的私人書齋及會客室，2016年重新開放，被定位為公眾圖書館，展出1,000多本關於朝鮮歷史的書籍，而且旁邊有咖啡店，非常適合逛累了想喝杯咖啡吃個小點心的旅人。

接著是國立民俗博物館，內共有三個大廳，展出內容為近100,000件史前時代至朝鮮時期的工藝品，而且還有戶外展區，展出許多韓國古代的日常用品，可以藉此看出古人的生活型態與面貌，非常適合細細觀賞。

再來是韓國國立古宮博物院，此院在1992年開放，主要收藏品是朝鮮王朝的文物，特別的是當中有許多文物都是在景福宮本地出土，院內展品也會更換主題，基本上常駐品是朝鮮正祖的詩卷及在慶會樓發現的銅製龍像。

除此之外如朝鮮王族的服飾與珠寶或是其他與宮中生活相關的文物也是韓國國立古宮博物院的熱門展品。

不過景福宮的驚喜不僅於此，除了歷史悠久且地位重要之外，在自然方面景福宮也有獨到之處。

如果在秋天到訪過景福宮，而且是從光化門進來的旅人，百分之九十都會被一棵巨大的銀杏樹吸引目光，樹的周圍地面宛如被鋪上黃金地毯般耀眼，讓人一看就移不開目光，所以如果正好在秋季造訪景福宮，千萬不要錯過這如詩如畫的場景，真真是讓人心醉神迷。

然而逛了許久是人都會疲勞，途中只喝了杯咖啡吃了點點心的人如果感到飢餓該怎麼辦呢？

別擔心，距離景福宮不遠就有相當知名的「土俗村人蔘雞湯」可以享受，至於這韓國知名的人蔘雞湯有什麼講究或什麼學問，這就是另一個故事了。

而景福宮附近除了有雞湯可以大快朵頤之外，周邊還有如北村（三清洞）韓屋村、西村等地點，都是離開景福宮後走路就可以抵達的區域，尤其西村非常適合想要覓食的人們，因為此地雖然沒有什麼太出名的旅遊景點，但卻是美食集散地，非常多韓國美食與咖啡廳集中在西村，若是在景福宮消耗太多熱量又不想吃人蔘雞湯的話，西村會是個覓食的好地方。

尤其西村還有「通仁市場」這個因推出銅錢便當活動而聲名大噪的傳統市場，若喜歡市場氛圍的人真可以來一探究竟，但要注意銅幣販售時間，據知是只販售到下午四點喔。

至於韓服這個問題，那就得到韓屋村了，此地可是韓服租借集散地，想要穿美美的韓服又免費進景福宮的話，那在入景福宮前就得先來韓屋村報到了。

要特別注意的是，擁有非常多傳統韓屋的韓屋村目前仍是住宅區域，並不算是觀光區域，所以到此處時要特別注意音量，才不會打擾到住戶的安寧。

總體來說，景福宮身為韓國五大宮之首，真的非常有一遊的價值，再加上它周邊附贈的美味與體驗，這個區域難怪被列為到訪首爾必訪地之一呢！

韓國滋補美食——蔘雞湯

說到韓國美食，除了辣炒年糕之外，很多人第一會聯想起的就是「蔘雞湯」這道朝鮮半島的傳統名菜。

這道名菜的傳統做法是以整隻童子雞為主，在雞腹中塞入糯米後佐以紅棗、薑、蒜和人蔘進行長時間燉煮，完成之後清香撲鼻肉質軟爛可口。

然而朝鮮半島最早出現蔘雞湯的紀載，約莫是在日本殖民統治時期，在那時富裕階層開始在習慣食用的清燉雞湯裡灑上人蔘粉，這算是蔘雞湯的雛型，而蔘雞湯的正式出現，則約莫在上世紀60年代，在70年代後逐漸聲名大噪，後來更成為韓國代表美食之一。

韓國人有著在三伏天喝蔘雞湯的習慣，因為他們認為只有在很熱的天氣吃這樣的食物才能將體內不好的東西隨汗水排出，而蔘雞湯這樣滋補的聖品顯然就是三伏天最好的選擇，說來就是一種「反擊進補」的方式，務求以熱制熱達到自己想要的效果。

而說到蔘雞湯，每個韓國人心中都有自己喜歡的愛店，但無可否認位於景福宮附近的「土俗村蔘雞湯」聞名程度讓人不可小覷。

這是間首爾地區無人不知無人不曉的名店，就連很多觀光客也是未到首爾就先聞其名氣之大，而且此店地理位置相當優秀，就在韓國五大宮之首的景福宮附近，不管是誰都可以嘗試體驗一下穿著韓服逛景福宮後又穿著韓服吃蔘雞湯快樂。

畢竟土俗村蔘雞湯的高湯可適用三十餘種藥材及五穀雜糧熬製的，除了原本傳統得放的食材及配料外，還多加了南瓜籽、黑芝麻、胡桃、松子、銀杏及獨門秘方一起熬製，湯頭口感相當濃郁有層次，難怪很多人都說吃完之後真覺得自己活力滿點，有種充過電的感覺呢！

不過雖然土俗村的蔘雞湯非常受歡迎，但此店卻並非韓國第一家蔘雞湯專賣店，真正的蔘雞湯創始店位於首爾市西小門洞，名為「高麗蔘雞湯」於1960年創立，歷史相當悠久，而且直至今日為止，也沒有因為名氣大且歷史悠久就馬虎了對待食物的態度。

這麼多年過去，店家依然堅持選用錦山產的4年以上人蔘和49天的雛雞，且一定要熬煮3小時以上，大功告成之後那軟滑的肌肉跟清甜的湯汁是食客念念不忘的終極美味。

而且千萬別忘了隨餐附上的蘿蔔泡菜，清爽可口，而且是可再續的配菜，所以就大膽放心搭配食用便是，且如果不喜歡附餐裡的糯米飯，那麼換成麵條加入湯裡也是很優秀的一種選擇。

再來是「湖水蔘雞湯」，這是間與上述兩間齊名的蔘雞湯名店之一，隱身在永登蒲區的小巷弄內，被稱為在地人最喜愛的蔘雞湯店，而這是因為此店遠離觀光區，所以就成了在地人心目中的愛店。

說來這家店的蔘雞湯口味可說是相當特別，有別於其他家的味道，這家的味道主打是紫蘇口味和濃稠的芝麻湯頭，而且店內只賣這道料理，但每天都門庭若市，由此可知其美味程度絕對不是說說而已，而是真的得到人們的喜愛。

最後除了三大名店之外，首爾相當知名的「百濟蔘雞湯」也必須請出來介紹一番才行。

這間首爾之名的蔘雞湯老店擁有數十年的歷史不說，還是韓國媒體的寵兒，店鋪位置也很優秀，就位在明洞鬧區，招牌寫的是讓華人很開心的中文，所以如果是聞名而去可說是相當好找，而且店內也提供中文、日文、英文、韓文四種菜單，非常受到觀光客喜愛，聽說疫情尚未爆發前，每年慕名而來的遊客不計其數，其中尤以日本人及其他地區華人居冠，佔據了店內消費人口數約百分之八十呢！

只能說如果到訪韓國，可千萬不要錯過蔘雞湯這項美食，除非是因體質問題或其他因素不能食用，否則像這樣滋補又美味的食物，不試試豈不可惜？

命運多舛——德壽宮（上）

德壽宮作為目前韓國五大宮中規模最小的宮殿，加上宮內有許多早期的歐式建築，所以成為一個在今時今日很值得一逛的地方。

位於韓國首爾市的德壽宮，最早是成宗之兄長－月山大君的宅邸，1592 年宣祖返回漢城（首爾舊稱）後，此宮便成為朝鮮的臨時王宮，而當時德壽宮並非喚德壽宮，而是「貞陵洞行宮」。

後來光海君即位，在 1611 年將貞陵洞行宮改名為「慶運宮」，但在 1618 年因為昌德宮重建，王族移轉，於是德壽宮便被當成別宮使用約兩百七十年的時間。

接著時間來到 1896 年，高宗在結束避難之後，選擇離俄、美、法、德等國公使館最近的德壽宮作為居所，隔年德壽宮的即祚堂被更名為太極殿，同年 10 月高宗在太極殿宣布新國號為「大韓帝國」。

不過雖然德壽宮被高宗重用，但因為此地本是作為離宮使用，作為正宮明顯有些不足，就如景福宮勤政殿這般的場所，在德壽宮並不存在，所以在 1901 年時，德壽宮的中心位置開始進行一些大規模的建造工程。

但不幸的是 1904 年 4 月王上寢殿發生火災，不僅燒毀了寢殿而延燒到新建築的中和殿，而且災難不僅於此兩次，太極殿、昔御堂、景孝殿、浚明堂、咸有齋、欽文閣、永福堂、咸喜堂與養怡齋等等建築物均被燒毀，其中僅有嘉靖堂、惇德殿、九成軒和漱玉軒得以倖免。

在這場火災之後，大韓帝國馬上啟動重修德壽宮計畫，除了被燒毀的殿堂之後，還新建了德慶堂、二祝齋、悠好室、宮內府、侍講院、太醫院、秘書院、公事廳、內班院、乘輿庫等等建築物，而 1900 年建造的西洋式石造殿也在火災後完工。

說來德壽宮的正門原本是位於南邊的仁化門，但因為此門外有山坡阻擋，使得宮內外的道路無法順利相連，所以後來就把正門改為東門，並將此門改名為「大漢門」。

1907年純宗上位後，捨棄較小的德壽宮搬往寬敞的昌德宮，但已退位的高宗仍居住於此，而後來純宗為了替父親祈願，便將當時名為慶運宮的德壽宮正式賜名為「德壽宮」，至今此宮的名諱便不曾再改變，一直沿用至今。

至於為何德壽宮會變成今日占地規模如此小的模樣，這是後來因為日本朝鮮總督府在宮外修建新道路，以即將京畿高等女校遷移到德壽宮附近，所以德壽宮的範圍縮小了很多，而且在韓國光復後，因為擴建太平路，所以又將市政廳方向的大漢門與宮牆皆向西平移，所以到今日我們會發現，德壽宮真的占地不大，至少跟其他四大宮殿比起來，它就是給人一種小巧玲瓏的感覺。

但千萬別認為小就是不足，德壽宮可是首爾除了宗廟外，被列為世界遺產之地，這個以東西方混格風格著稱之地，旅遊及歷史價值都相當高，如果是對韓國歷史有興趣，那千萬不要遺漏德壽宮這個景點，但如果對韓國歷史沒興趣，那麼來到德壽宮也不會讓人失望，因為「麻雀雖小五臟俱全」這八個字真的非常適合套在德壽宮頭上。

在此特別要提到的德壽宮建築首推「石造殿」，這是大韓帝國時期接見外國使臣之地，在光武4年（西元1900年）動土，三年後竣工，這個石造建築也是朝鮮王朝最後興建的大規模建築物。

石造殿的外觀是19世紀初歐洲流行的新古典主義式樣，在正面柱子的上部以愛奧尼亞柱的方式處理，室內則是洛可可風格，整體是一個三層樓的建築物，一樓是接見使臣的場所，二樓是王的住處，半地下層則是僕從們等待的地方。

此地在韓國光復後曾被用為美蘇共同委員會會議場所、國立博物館、國立現代美術館及宮中遺物展示館等等功能使用，目前可以入內參觀，但是需要線上預約。

另外還有「重明殿」，此殿乃俄羅斯建築師 Seredin Sabatin 所設計，於 1897 年動工至 1901 年完工，作為皇室圖書館的它是一個地上兩層、地下一層的西式建築，最初被命名為「漱玉軒」。

因為種種原因毀損後，在 2009 年 12 月復原，隔年 8 月開始作為展示館，開放給一般民眾及遊客參觀。

除此之外如中和殿、咸寧殿等等，也各有各的故事，等待人們去發掘它們的過往，不過對於韓國歷史著實沒有太多興趣的人來說，德壽宮其他的一切或許才是他們到訪的主因。

命運多舛—德壽宮（下）

德壽宮的歷史多有淒美慘烈是一回事，但它很好看很好拍又是另外一回事，尤其在秋天到訪德壽宮，大抵都會被楓葉與銀杏的美給震撼，停在樹下久久無法回神。

如果時間允許可以悠閒逛遊的話，來到德壽宮倒是可以不急著進入，反而可以走走德壽宮著名的「石牆路」（貞洞路），因為這條路不僅是許多如《孤單又燦爛的神-鬼怪》、《明成皇后》、《德惠翁主》、《陽光先生》等等韓劇的取景地點，在 1999 年更是被首爾市指定為最想散步的街道，且 2006 年又在韓國建設交通部的評審中拿到「韓國最美的 100 條小路」之一的頭銜，可見這條石墻路有極高的觀賞價值。

不過如果詢問來過的人或當地人，基本上都會建議秋天到訪，原因無它，就是因為楓葉與銀杏。

一抹抹火紅及金黃是德壽宮在秋季給人的印象，如夢似幻美不勝收，真真是得親眼所見才能窺其美的真締，只是聽人口述或是看照片根本無法窺探這兩植物在秋季於德壽宮的絕倫之美。

然而不知為何，貞洞路美歸美卻有很奇特的傳說，那就是相傳如果是情侶來到此地，那麼必定會分手，有點類似台灣有情侶拜呂洞賓就會分手的這類傳說，不算有根據，但就是有人信也有人不信，更有人會躍躍欲試想驗證一下，總之像這類的傳說就是見仁見智自己判斷囉！

然而既然來到此地了，雖然石墻路很美但也別忘了進入德壽宮參觀，票價基本上不貴，如果是搭地鐵前來的話，從地鐵市廳站出來就是德壽宮的正門-大漢門，入口處會有穿著古服的士兵站崗，定時也會有衛兵交接的表演。

說實話德壽宮真的非常好拍照，甚至有人認為規模比景福宮小頗多的德壽宮拍起來比景福宮更好看，這箇中原因有可能是因為景福宮太過寬廣，反而把拍照畫面拉得太過空曠，而德壽宮這個麻雀雖小五臟俱全的地方則是建築物比較靠近且集中，所以可說是拍照聖地，尤其穿著韓服拍照更能融入當地，值得一試。

不過這邊要說明一下，在韓服租借這個部分，德壽宮附近可以選擇的店家比起景福宮要少一些，所以如果對穿韓服有興趣的話，建議事先查清楚會比較妥當。

至於德壽宮內的各個建築物，那就只能說是各有特色東西合璧，有一種在協調與不協調之間擺盪的美感，雖說有些建築物是後來才被復刻回來的，但身處於真正歷史的發生處，還是讓人有一種回到過去的錯覺感，彷彿耳邊傳來一聲聲對那個時代動盪不安的嘆息與遺憾。

但不要緊，在景點感受到蕭瑟就用另一個景點來填補內心的空虛，在德壽宮旁邊有一個免費高樓觀景台「貞洞展望台」。

這個展望台可以讓人俯瞰整個德壽宮與首爾市，而在德壽宮上下篇的一句老話長談就是記得秋季來訪，因為秋季真的是德壽宮最美的時刻，更別提從觀景台看下去的景色有多美艷動人，而且好消息是位於西小門大樓13樓的貞洞展望台是免費入場的，裡頭還有一間咖啡廳，如果不趕時間可以點杯咖啡靜靜待在咖啡廳裡看景色，著實非常愜意悠閒，很是療癒。

不過話又說回來，景色看久了肚子還是會餓，如果對咖啡廳的餐點沒有興趣的話，那就下樓吧，德壽宮附近可是有許多好吃的等待有緣人去品嘗。

首推是「Limburg Waffle」，這間鬆餅店非常有名，而鬆餅也確實非常美味，很多人都強烈推薦它的巧克力鬆餅及草莓鬆餅，尤其是它的鬆餅本體真的得到了非常多的好評，很多人吃過之後都說沒有吃過這麼好吃的鬆餅，可見真有其美味之處。

但如果對甜食沒有興趣也無妨，德壽宮附近的牛骨湯與辣炒章魚也相當出名，另外還有煎餅與血腸也都值得一試，秉持著來都來了啥都別錯過的道理，出門在外只要不是有害於自身或是自身不能碰的人和事物，相信多方嘗試總是好的。

畢竟出外就是要留下回憶，那麼何不讓回憶豐富一些，往後回想起來笑容也更多一些呢？

不同時空，新舊任務——漢城車站（上）

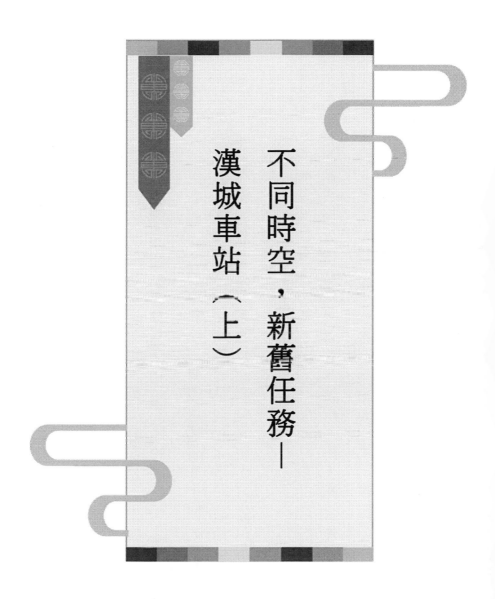

2005年1月19日，「漢城」在當時市長李明博的宣布下正式更名為「首爾」，且韓方還正式向中國提出協助改名的請求，這一請求當時曾一度引發中國大陸內部的輿論與討論，因為有部分人士認為韓方這一舉動是出自「去中國化」或「自我文化中心」的想法。

不過在正式更名前，人們所熟知的韓國首都名為漢城，這個沿用了相當久的名稱在較年長的人回憶中還是佔有份量的，就如此篇要介紹的地方，就是在漢城更名之前去過韓國旅遊的旅人可能到訪過的地方，那就是「漢城」車站。

漢城車站的前身是「南大門站」，1900年7月8日京仁線漢江鐵橋竣工，鷺梁津站－西大門站通車，在崇禮門（南大門）外設站，是為南大門站。

後來在1905年京釜線、1906年京義線、1914年京元線紛紛開通之後，南大門站成為朝鮮半島各幹線鐵路的交匯站，1915年車站部分區域被拆除重建，同時間也新建月台及擴建其他設施，不過由於當時京城發展快速，人口增長速度也飛快，所以南大門站即便已經擴建依然應付不了急速增長的客流量。

第二代站舍於 1922 年開始建設，是當時朝鮮半島建造時間最長和造價最高的鐵路建築，車站也在 1923 年 1 月 1 日更名為京城站。

京城站站舍由日本東京帝國大學出身的塚本靖所設計，由清水建設施工，期間受到日本關東大地震影響停工 12 個月，最終於 1925 年 9 月 30 日竣工，外立面由紅磚裝飾，站房地下一層、地上二層，1 層是候車廳、行李領取處等給旅客使用的設施，2 層配有旅客設施和車站辦公室。

1950 年韓戰期間，站舍穹頂及部分內部空間結構被破壞，直至 1970 年代才得以重新改建，整個具有重要意義的空間進行復原工程，車站也在 1947 年改名為首爾站，而站舍則是在 1981 年被列入史跡第

284號。

不過老舊一向是建築物被替代的原因，當然此地也不會例外，2004年首爾新站正式投入使用，舊站自此被停用，很多人記憶中的漢城車站就此走入歷史。

不過倒也不用傷感，雖然舊站已不復在，但2011年完成修復工程後，舊站被重新命名為文化站首爾284，成為一個文化複合空間，1樓中央大廳被作為公演場地、展示廳、舉辦活動及咖啡廳使用，而2樓則作為公演、展示、研討會及會議室等多功能廳使用。

汰舊換新是必須，舊站有了全新的身分，雖然不再是車站，但也搖身一變成為人們另一個得以踏足的空間，或許對舊站而言，來往的人潮不比以往洶湧，不過被賦予新的任務而不是完全消失在人們的視野中，或許對舊站而言也是一種安慰吧。

然而既然都來到車站了，不免俗要來了解一下車站周邊有什麼好吃好玩的，畢竟在車水馬龍的車站旁，通常美食與遊樂場所雲集，倘若錯過豈不可惜？

首先是美食的部分，畢竟吃是人生一大樂事，有美食相伴的旅行才更有滋有味，所以當然需要口碑好滋味佳的美食店來讓旅途多點誘人的香氣。

第一間是「Hosujip」，這間位於忠正路的美食餐廳算是一家當地上班族的口袋名店，一般而言需要排隊，招牌菜是辣燉雞肉跟烤魷魚及烤五花肉，是間專賣韓國料理的專門店。

第二間是「味樂亭」，位於首爾市中區，是一家賣炸豬排的店家，招牌是手工炸大豬排及起司炸豬排，想想那裹上麵衣的豬肉在油炸後被激發出來的香味及香酥油潤的口感，真真是讓人欲罷不能。

第三家是「西門會館」，位於市廳站附近，這是一家烤牛肉專賣店，在店內可以品嘗到韓國傳統的烤牛肉料理。

第四間是「忙內生魚片」，也是一間位於首爾市中區韓國料理專賣店，擁有二十幾年的歷史，如果是生魚片愛好者，可以考慮來嘗嘗與眾不同的滋味。

最後一間是「江西麵屋」，這間店已有約50年的歷史，賣的是平壤冷麵，而據當地人說，這間麵屋所販售的平壤冷麵可說是最原汁原味的，麵條使用江原道當地的蕎麥與澱粉，Q彈好吃不說，再配上濃郁中帶著清爽感的湯底，簡直就是人間美味。

不過這間麵屋也不是只有平壤冷麵值得推薦，網烤牛肉、生魚片冷面、大餃子等等，都是很值得嚐試的韓國美食。

只是吃飽喝足後如果不走走好像不太好吧？

不用擔心，總會有好地方可以去的。

不同時空，新舊任務——漢城車站（下）

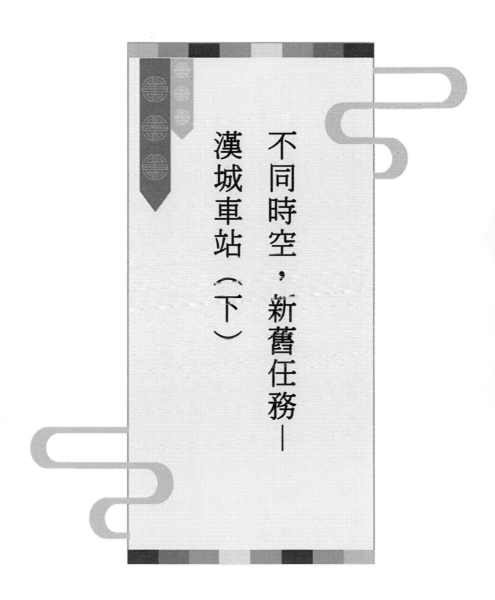

在上篇說到，吃飽了、喝足了想走走幫助消化怎麼辦？

「首爾路 7017」是個好去處唷！

首先首爾路 7017 這個特殊名稱應該會讓第一次聽到這個名稱的人一頭霧水，畢竟這名稱聽起來好似諜戰片會出現的任務代碼，會引起疑問很正常。

首爾路 7017 會出現的確是有任務在身這一點是正確的，因為它擔負著以 17 條人行道把被切斷的城市重新連接起來，並為停滯發展的地區帶來新活力的任務。

1970 年，連接首爾東西部的首爾站高架道路竣工，不過因為安全問題面臨拆除危機，後來為了給該地區注入新氣象，所以推動「首爾路 7017」專案，活用原本的高架橋，讓它以「步行橋」的姿態重新呈現在世人眼前，而此專案的推動也讓原本孤立的首爾站一帶得以接通。

所以較準確的來說，首爾路 7017 代表著「1970 年所建之高架道路於 2017 年重獲新生」，又或者可以說是「1970 年代的車道，如今成為有著 17 條人行道，高 17 米的高架步行橋」，具有相當的意義。

但如果以為這樣就結束了那就太天真了，首爾路 7017 有很多讓人意想不到的設施或休憩飲食空間，如咖啡廳、蝸牛劇場、跳跳遊戲區、木蓮舞台、玫瑰舞台等等，是走累時的休憩落腳處。

而這還不是結束，整座橋儼然是一座相當迷人的空中花園，設有約 645 個圓形花盆，約有 24,085 株花木，而且一年 365 天 24 小時全天候開放，任何人都可以在任何時間來到此地享受高處的寧靜，著實是一大福音。

另外如果事先預約「首爾徒步旅遊行程」的話，還可以在專業解說員的帶領下，一邊聽導覽一邊認識首爾站，在解說中了解首爾站附近的歷史與文化還有景點，簡直是棒呆了呢！

另外如果是喜愛欣賞建築物的人，也可以考慮到首爾藥峴聖堂走走，不管是不是天主教徒，這座韓國第一座西洋式聖堂建築很值得一觀。

藥峴聖堂整體為非常有特色的磚造建築，有半圓形的拱形屋頂與窗戶，是十字型平面構造，側面窗櫓高度較低，不採尖拱而採圓拱設計，正面出入口與左右兩側突出的出入口窗戶部分則是呈尖拱型的歌德式建築，兩種風格在此融合得相當絕妙。

至於藥峴聖堂誕生的起源就得回溯到 1891 年了，是由當時曾為明洞聖堂主教的 Doucet 神父於蛤洞購置土地，再由副主教 Coste 神父進行設計與監工，藥峴聖堂才得以在 1892 年順利完工。

而藥峴兩字的由來則是因為聖堂所在之處在過去是培植藥草的地區，是個擁有許多藥草田的山嶺，被稱為「藥田峴」簡稱「藥峴」，所以聖堂前面才會冠上藥峴一字。

不過話說回來，如果吃飽喝足後沒有想走走幫助消化的慾望，反而點燃了購物慾的時候該怎麼辦呢？

畢竟出門旅遊不帶點紀念品或是特產回家總是覺得怪怪的，購物說來也是旅行中的一種樂趣，既然都出遠門了，很多人或多或少還是會買點什麼塞進行李箱，當成證明自己出遊的證據。

而說到韓國購物的話，可能有些人腦海裡馬上浮現的是人蔘或是真珠草之類的保健品，但也有人嘴巴馬上蹦出「樂天」兩個字，後頭還加上「超好買」三個字。

的確，樂天以韓國旅遊的購物點來說，算是一個滿好買的地方，而在車站這邊就有一個「樂天購物中心首爾站店」。

在樂天購物中心首爾站店內約有 130 多個品牌進駐，可以買到原價約 3 至 9 折的知名名牌商品，約 3,400 坪的三層賣場規模宏大，好逛好買不說，而且還有寄物櫃、嬰兒車租借、手機充電等都是免費提供，讓人感覺非常貼心且愉快。

另外還有很多人來到韓國必逛的「樂天超市」，首爾站店從 2 樓到 4 樓有食品與生活用品，甚至還有衣類等項目，營業時間更是從早上 10 點至晚上 12 點止，很適合在外踩點到夜晚，想利用晚上購物的遊客。

說來好似每個國家都差不多，在人潮洶湧的車站旁總是有著許多店家，但其中不同的是，每個國家的風情人文與歷史文化都不同，如果用心去發掘，肯定能有不同的收穫，為此次旅程添加美好的回憶。

南小門—光熙門

位於首爾城牆東南方的「光熙門」是朝鮮王朝首都漢陽（今首爾）的一個城門，別稱水口門，也因為實際與西側西小門（目前已不存在）在都內舉行葬禮時，是運送屍體或是送葬隊伍都會經過的地方，所以兩小門也被稱為屍軀門。

光熙門始建於朝鮮太祖5年（西元1396年），是太祖在創建首都漢城時，於東南側建成的小門，被列為四小門之一，目前與之並稱的還有惠化門、昭義門、彰義門。

與許多韓國老建築一樣，現今的光熙門也是在修復過後才重新呈現在世人面前，光熙門第一次遭受破壞是在萬曆朝鮮戰爭時間，後來在肅宗在位時期得到修復，但在日治時期又因要鋪設電車軌道而被拆除後僅剩下城門與城樓。

不過這並不是光熙門被毀壞的終點，因為韓戰時期光熙門再次遭到破壞，傷痕累累且搖搖欲墜的光熙門最後是經過整整39年的修復，才能再與世人見面。

一路走來相當艱辛的光熙門城門與首爾其他小門相同，是採用長方形武沙石做為基石，層層疊疊打下基礎，再於城門的中間設置前後拱門與通道，最後才建築門樓。

門樓建築為正面3間、側面2間，左右內側皆設有登城階梯及小門，是個不算宏大但卻有特殊地位的存在。

作為韓國史蹟排位第10位同學，光熙門被劃分與周圍其他的文化遺產與東大門設計廣場（DDP）等等結合在一起，構成了一個歷史與現代共存的特殊觀光區域，而且首爾市為了讓市民可以更清楚這一代的歷史文化，特別提供以光熙門為中心的首爾城郭與新堂洞一代歷史遺產探訪項目，名為「光熙門月光之路」。

然而老實說，光熙門目前就僅僅是一座城樓僅供觀賞，可停留時間並不長，不過來到此區域並不用擔心無聊這個問題，因為附近景點頗多，完全不會有到訪光熙門後，接下來卻不知道要做什麼這種事發生。

東大門設計廣場、東大門市場、東大門歷史文化公園、澗松美術館（首爾葆華閣）、興仁之門、忠武藝術中心、新堂洞辣炒年糕街及獎忠洞豬腳街等等，皆都在光熙門附近，所以不管是要購物、吃美食、欣賞藝術作品等等，都可以得到滿足。

其中澗松美術館是韓國最早設立的私立美術館，由全鎣弼先生（號 澗松）於 1938 年設立，當年命名為葆華閣，1966 年才改為澗松美術館，2019 年更被列為國家登錄文化財，館內文物相當珍貴。

還有值得一提的是「新堂洞辣炒年糕街」，這條街的歷史最早可溯源至1950年，據說此街的馬福林奶奶早於1953年就開始賣起炒年糕，而在70年代尾聲至80年代，是此街的全盛時期，相當受當時的學生喜愛。

話說以前，當年的辣炒年糕更像是一種吃正餐之前的點心，不像現今店家會在辣炒年糕裡加入許多配料，讓辣炒年糕這種小吃成為正餐的一種選擇之一。

另外獎忠洞豬腳街也是特殊的存在，據知在許多年前在距離現在獎忠洞豬腳街不遠處的萬井大樓內開了兩間豬腳專賣店，這是此條豬腳街歷史開啟的序章，而這兩間元老店目前也仍舊營業中，為想尋好味道的人們提供最原始的好滋味。

跟辣炒年糕街差不多，獎忠洞豬腳街也是在70年代末至80年代開始聲名遠播，而豬腳街的形成絕對與此地美味廚師盡力維護著豬腳街的名聲有關，雖說每間店鋪的口味不盡相同，但每位廚師想要守護豬腳街好名聲的心態都是一樣的。

或許就是如此，所以即便已不是全盛時期，但豬腳街美味的豬腳依然是很多人在垂涎豬腳時的首選之地。

所以如果有計畫拜訪光熙門，想見證它浴火重生後模樣的人，一定也不要忘記在參觀完光熙門之後到附近走走，吃喝玩樂樣樣不缺，甚至還可以遇見韓國古早味，何樂而不為呢？

韓國必吃——香辣彈Q炒年糕

「年糕」是韓國人相當喜歡的食材之一，這個食材被廣泛利用在許多料理中，其中最知名的就是「炒年糕」。

炒年糕從前是朝鮮宮廷料理中的一道菜，用來作為招待賓客的菜餚，在當時算是高檔菜的代表之一。

而且原來的炒年糕其實是一道炒菜，是由條狀年糕混合不同的材料組成不同變化，最後就用醬油來調味，但這也讓人發現，雖然聽起來仍是好吃的一道食物，但似乎與現代人所知的炒年糕形象大不相同。

根據紀載是在韓戰之後，原來的炒年糕雖然是鹹食，但是另外一種新崛起的口味卻比它更受歡迎，這種新口味除了傳統食材外，還加了苦椒醬及魚糕，後來更是變化出加水煮蛋、香腸、速食麵、蔬菜、起司等等，口味越變越多，也讓炒年糕三個字的前頭直接被多添加了一個字，成為現在人對韓國最大的印象之一「辣炒年糕」。

所以很多人到韓國玩，就算平常不太吃辣，也會嘗試一下辣炒年糕，而說實話那Ｑ彈的口感與那刺激味蕾讓人想一嘗再嘗的辣味，就是辣炒年糕在韓國之外也擁有不少粉絲的原因。

不過雖然現在辣炒年糕不只有在韓國才吃得到，但是俗話說得好，食物發源地的滋味總是讓人魂牽夢縈，這是因為不管再如何變化，最初的滋味還是最令人難忘。

到訪過韓國的人大都知道，辣炒年糕是一種在街邊幾乎隨時都可以買到的食物，是一種韓國人需要心靈慰藉時就可以隨時找到的溫暖，在那紅通通的色彩與刺激彈潤的口感中，心靈就可以立即得到救贖。

不過，如果還不滿足的人也不用慌張，通常賣辣炒年糕的攤販都還會有其他選擇，像是血腸、魚板、紫菜包飯甚至是炸物等等，而到此一遊的結果發現，韓國本地人似乎很喜歡把食物拿來沾著辣炒年糕的醬汁一起吃，感覺就是就算年糕吃完了，但醬汁一點也不想浪費的即視感。

更重要的是，這項堪稱韓國國民美食的食物，版圖已經被擴展至無限大，食材更多變化的同時，辣度也在不斷飆升，挑戰著嗜辣者的極限，體驗爆汗的快感及大汗淋漓的暢快。

但如果實在吃不了那也別輕言放棄，秉持著「來都來了」的原則，勸自己牛刀小試一下，搭上一瓶防辣聖品可樂以防萬一，相信還是可以品嘗到這項韓國國民美食的好滋味。

而且如果不喜歡路邊攤的人，這項國民美食也有許多店面或是連鎖店可以選擇，不想在寒冬中在街邊吹著寒風吃熱食的朋友，走入店面就是最好的選擇，而且好滋味不變。

因為這種香辣Q彈的韻味已經深入韓國人的骨髓，也成為了韓國代表性的美食，更讓到訪韓國的遊客得以清楚得知，自己到了太極旗飄揚的國度。

然而越是常見的東西人們就越喜歡搞排名或票選，畢竟當選擇太多時，很多人總是會陷入選擇恐慌，不知道到底該選哪個好，這樣的情況放在辣炒年糕上也是同樣。

因為是國民美食且店家眾多，有的店家甚至變成連鎖店，所以找出大家心中的最愛變成一項艱鉅的任務，不過當然還是有店家脫穎而出，成為韓國人心目中的超人氣必吃美食店之一。

首先是「東大門獵奇辣炒年糕」，這家被稱為百分百必吃美食可不是空穴來風，很多當地人都認為這家的辣炒年糕會讓人上癮，只要一陣子不吃就會自己主動來報到，相當神奇，通常一份組合可供 3 至 4 人食用。

第二家是「SinJeon 辣炒年糕」，這家的辣炒年糕湯汁特別多且甜味比起其他家算是較不甜，辣味大略來說應該算是偏胡椒那種辣味，而此店使用的年糕也與一般不同，是屬於細長型的年糕，有些人甚至會把它當成麵般吸入口中。

特別提醒一下就是吃 SinJeon 千萬不要忘了炸物與招牌飯捲，尤其是飯捲，因為內含 SinJeon 的獨門醬汁，風味非常獨特，如果來了肯定不要錯過。

第三家是「JAWS 辣炒年糕」，這家完全是走樸實路線，約 3.5 公分長的短胖年糕相當可愛，不過千萬別以為它看來樸實就索然無味，在味道上絕對不會讓人失望，是到訪韓國又不想在路邊攤站著吃時的好選擇。

第四家是「石串洞辣炒年糕」，這家可是綜藝節目的常客，很多youtuber也很推薦，所以話題一直滿滿滿，而且也不用擔心同行的家人或友人不想吃辣炒年糕怎麼辦，因為石串洞辣炒年糕的菜單很豐富，不只有辣炒年糕系列，還有冷義大利麵、蓋飯等等其他選擇，就算和不吃辣炒年糕的家人或友人到訪，也完全沒有問題！

再來是弘大麻藥辣炒年糕，這間也是在部落客與youtuber之間蔚為風潮，完全不單調的辣炒年糕裡除了年糕外，還有雞蛋、鵪鶉蛋、高麗菜、兩種魚板、小香腸、餃子等，完全是個百寶盒，要吃什麼都有呢！

最後是三清洞摩西辣炒年糕鍋，這家可是排隊美食店，總店就在三清洞文藝區，只是吃這家要注意一點就是，千萬要在一開始點餐時把自己想吃的東西都點了，因為如果鍋子上桌了，那就一切難挽回，不過很棒的是剩餘的湯可以弄成炒飯，一鍋兩吃的方式相當受歡迎，所以才會成為排隊名店。

說來因為味道是很個人的一種主觀判斷，所謂青菜蘿蔔各有人愛，有時候隨意在路邊發現的店家就很完美，讓人非常驚艷呢！

首爾規模最大的公園——南山公園（上）

南山公園位於首爾市中心，是首爾最大的公園與最佳觀景地點之一，園內分為獎忠、禮場、會賢、漢南四個地區，園內還經常舉辦各式各樣如體育、作文等活動，也會有如音樂會之類的文化表演，所以很多當地人非常喜歡到南山公園走走逛逛。

而可能有些人已經猜到，為人所熟知的N首爾塔（南山塔）就是在南山公園的範圍內，不過除了N首爾塔之外，南山公園內還有白凡廣場、八角亭、海洋水族館、噴水池及南山圖書館等有名觀光景點，所以很多來過的人都說在南山公園待上一整天也很OK。

不過更OK的事還在後頭，例如要上南山頂可以搭乘南山空中纜車。

這座纜車是首爾第一座商用纜車，從啟用至今約有50多年歷史，纜車全場約605米，搭乘時間約3分鐘左右，除了氣候因素外終年營運。

讓人欣喜的是 2008 年南山空中纜車在整修過後重新開放，車廂前後改以玻璃打造，這讓搭乘的人可以在高處更清楚欣賞首爾之美。

這邊要特別注意的是雖說有纜車可以搭，但是纜車位於南山的半山腰，基本上步行上山是一個辦法，但若是真的不想走路的話，可以在南山三號隧道入口乘坐免費的南山輕軌電梯，這座戶外型電梯四周由透明玻璃打造，在達到前往半山腰搭乘纜車的目的之外，還可以順便欣賞四周美景，由此可以看出對於南山公園的建設與規劃，韓方的確是花了不少腦筋。

說來南山的風景一年四季都很優美，春天時公園內會因為櫻花而變成粉色，至於炎熱的夏天也有很多人喜歡到南山公園走走避避暑，而秋季時則是各色楓葉宣告稱王的時刻，真真是四季多變化，待人來觀賞。

而其中春季時的南山公園也有所謂的櫻花祭慶典，尤其南山公園的櫻花步道號稱是首爾全區最高且賞花景點最多的路線，盛開的櫻花美不勝收，加上其他花種點綴其中，真真可以說是讓人心曠神怡無比舒暢。

更令人開心的是這個櫻花祭活動不光是有靜態也有動態，如刺激的馬術表演、電子音樂或搖滾樂表演與讓人聽了就心情愉悅的農樂表演等等，都是慶典期間有可能會看到的表演。

除此之外在櫻花季期間的傍晚時分，還有夜間賞櫻活動，本就很美的櫻花在光線的襯托下，在夜晚時分更添一股悠長的韻味，所以倘若恰好在慶典時期來到南山公園可別急著走，一定要留下來看看夜晚的櫻花有多美麗。

不過就算是平常到訪南山公園也不用失望，因為就算沒有慶典，南山公園也還是有很多好玩的地方，例如登上N首爾塔享受居高臨下的快意，又或者到八角亭看看韓劇《巴黎戀人》劇中男女主角定情的噴水池。

要不也可以到植物園享受被植物包圍的暢快舒適，但如果不喜歡植物喜歡海洋生物的話，南山公園內也設有海洋水族館，真是讓人有一種南山公園什麼都有，好似包羅萬象的感覺呢！

然而逛逛走走之後肚子總是會餓的，這時候可以選擇位於南山纜車旁的牛骨燉湯專門店，這間店的特色就是由老奶奶親手熬製的湯頭，看起來清澈喝起來甘醇，是不容錯過的一項美食，而且店內空間相當大，據聞有一百多坪，寬闊的空間讓人用餐起來感覺更加舒適愜意，是很多來過的旅人都推薦的美食店家。

總而言之，綜合以上所述，實在不難理解為何南山公園會如此受當地人及旅人歡迎，因為此地確實有其過人之處，就看到訪者要用什麼心態與角度去享受南山公園給予人們的愉快與喜悅。

首爾規模最大的公園——南山公園（下）

既然上篇已經頗詳細介紹了南山公園，那麼下篇就該來說說南山公園附近還有哪些好玩的景點。

首先要說的是「南山谷韓屋村」。

於 1998 年開幕的南山谷韓屋村，位於南山北側原首都防衛司令部的腹地，總占地面積約 24,180 坪，內部約有 5 棟傳統家屋、傳統工藝館、泉雨閣、傳統庭院、首爾南山國樂堂、時空膠囊廣場等等。

這個順應南山山勢以傳統造景方式建造的南山谷韓屋村，除了能讓人欣賞溪谷、涼亭與各種花草樹木形成的美景外，也是一處在繁華市中心能讓遊客體驗各種韓國傳統文化的好地方。

其中庭院最高處的「時空膠囊廣場」的存在相當特殊，當初建立是為了紀念首爾建都 600 年，而既然是時空膠囊那就代表會在某某年後開啟，所以這裡設定的是 400 年後，也就是首都建都千年那一年，這個時空膠囊廣場會重新開啟，讓人感覺別具意義。

另外在南山谷韓屋村可以體驗的活動也不少，因為有五棟韓屋，所以管理方安排了許多活動供遊客選擇，如韓服體驗、摺韓紙、韓文書法、傳統茶體驗、傳統禮節學校與韓方體驗，周末甚至還會舉行傳統婚禮。

除上述之外，在泉雨閣舞台可以參加跆拳道體驗，而泉雨閣對面的涼棚則是有稻草工藝示範，另外在披襟亭廣場上還能踢毽子、擲石等等懷舊遊戲，來一趟南山谷韓屋村完全不會無聊不說，還會有非常值得的感覺，的確很適合排入行程之中。

但倘若對韓國傳統文化沒興趣，那可以選擇到首爾動漫中心走一走，這個在1999年5月設立的機構，設立契機是為了發掘及培養動漫文才，以及擴大文創產業的基層，所以每年在此地都會舉辦各種活動或展覽，還有動漫節電影節等等活動，如果正好遇上展期可千萬別錯過。

不過除了景點之外，在外旅遊最不能錯過的就是美食，除了上篇已經介紹過，位於南山纜車旁的牛骨燉湯專門店外，其實南山周邊也還有其他美食，例如忠武路小章魚烤肉就是一間頗知名的美食店。

歷史已經約40年的「忠武路小章魚烤肉店」，是忠武路的代表美食之一，店內的調味料被稱為「魔力的醬料」，這款帶有辣味的美食是很多當地人的最愛。

還有「韓國之家」絕對是喜愛韓國文化的人不容錯過的美食店家之一，尤其如果是宮廷劇愛好者，應該會非常喜歡韓國之家提供的料理，因為韓國之家不僅提供韓式宮廷料理，而且還提供韓國傳統藝術表演、韓國傳統文化體驗、韓國傳統婚禮等等服務，是一間複合式的料理美食店。

在菜色部分有大長今定食、御真正餐、海鄰定食、聽雨定食、綠吟定食等多種選擇，而且還榮獲無數獎項，非常受國內外的訪客喜愛，食客絡繹不絕。

而既然提到韓家之家，那也不能不提「韓國之家愛之咖啡館文化商品店」，這家商店非常特別，它是透過開發商品達到傳承及保存韓國傳統工藝與達到國內外宣傳的目的，另外也擔負起將韓國文化商品提升為世界級商品主導角色的任務。

此店的文化商品大約分為幾個種類，如瓷器、螺鈿漆器、雕花工藝品、韓紙工藝品、纖維工藝品、玉器、陶器、漆木工藝品、金屬工藝品等等。

不僅種類繁多且品質優良，雖說單價比起一般紀念品而言稍微高了些，但在此地買的物品除了有紀念意義之外，也能感受到韓國文化的深度，也算是相當值得。

不過就算不想買紀念品，也可以在此喝杯咖啡享受片刻寧靜之後再離開，讓咖啡療癒遊玩的疲憊，休憩之後再出發。

總歸而言，南山公園絕對是訪首爾必遊之地，而公園四周的景點或美食也絕對不容錯過，雖說可能一趟前來無法走太多地方，但有些驚喜留給下次也是一個好選擇。

登高望景——首爾塔（上）

有拜訪過韓國首爾的人應該對首爾塔不陌生，因為不管是跟團還是自由行，首爾塔大多都是被排入行程的景點之一。

不過首爾塔其實原本並不叫首爾塔，它不僅有舊名、別名，還有更正式的名稱。

首爾塔官方名稱為N首爾塔，一般人習慣稱呼它為首爾塔或南山塔，而它的舊名其實也就是首爾此地的舊名，就叫做漢城塔。

首爾塔始建於 1969 年 12 月，當初斥資近 15 億韓圜，最初被定位為電視發射塔，而韓國文化廣播公司及韓國放送公社也因首爾塔建成之故，於 1972 年分別開始透過首爾塔發送電視訊號，至於現在很受歡迎的展望台，則是在 1975 年完工，但對民眾開放卻是 1980 年 10 月的事了。

說來首爾塔正式從漢城塔更名為 N首爾塔是發生在 2005 年，那年漢城正式更名為首爾，而漢城塔當然也跟著改名，而且不只改名，因為首爾塔與CJ希傑集團合併的關係，所以耗資了近15億韓圜進行為期七個月的改裝工程，於2005年年底重新開幕，而這一改建也讓首爾塔的觀光價值立刻飆升了不少。

有人可能不知道為什麼首爾塔前頭要加個N，這是因為N在此被用來代表南山，又有NEW的含意，所以才會加上N這個字母。

而不諱言在改建之後，首爾塔給人的感覺真的跟以前不同，首先塔上的燈光在改建後會依照季節與主題變動，另外塔上還增設了旋轉餐廳及咖啡室，加上經過改建的展望台，可說是讓登塔的樂趣增添了不少，也讓鳥瞰首爾這個活動添加了食物香氣與咖啡香韻。

尤其是燈光方面，這應該是介紹首爾塔絕不能一筆帶過的特色，因為除了上述所言的變化外，塔上可是安裝了70多套可以隨風舞動的蘆葦燈，而且如果投幣的話，淋浴噴頭就會有光噴灑而出，感覺就像沐浴一樣，說有多特別就有多特別，真可用美不勝收來形容此地的燈光絕美秀。

而且觀景台也不只是可以眺望漢江與欣賞首爾夜景，在觀景台上還設有多部 LCD 屏幕，遊客可以藉著這些屏幕了解首爾悠久的歷史文化，算是一種很不錯的國家歷史文化宣傳方式。

但來到首爾塔也不是只有觀景台有樂趣，位於第二層的屋頂露臺也是很多人願意駐足欣賞首爾夜景之地，算是提供了賞景的另一個選擇，畢竟賞景這種活動在不同角度就會有不同體驗，多一個選擇自然是好的。

然而，讓人不意外的是，此地是韓劇的愛用地，畢竟像如此標誌性的地點，沒來取景可說不過去，而且首爾塔範圍不算小，四處都有可收入囊中使用的取景點，很自然就會被列入拍戲的好場景之一。

更別提來此約會的情侶有多少了，畢竟看夜景也是在約會必勝手冊中名列前茅的必做事之一，所以很多情侶喜歡在晚上到訪首爾塔，用醉人夜色來替自己與另一半的感情加溫。

不過光是看的話，可能會覺得缺了點什麼，畢竟吃喝是人之本性，留下到此一遊的記號是人之常情，來都來了自然是得吃點什麼喝點什麼玩點什麼然後再許個願什麼的，要不豈非浪費走這一趟？

登高望景——首爾塔（下）

來到首爾塔，吃喝真的不用愁，尤其對情侶相當歡迎，因為此地有個僅限情侶可做的小活動叫「鎖住你我的心」，更詳細一點說明就是此地有販賣愛情鎖，這在當地有著情侶之間可以長相廝守的寓意，買個鎖頭寫上彼此的名字然後鎖上，的確給人一種似乎可以天長地久的感覺，至於效果如何就自由心證了。

至於飲食方面，首爾塔餐廳可不僅限頂層的旋轉餐廳 n.Grill，雖說旋轉餐廳氛圍真的很好，也在韓劇《來自星星的你》烘托下令人趨之若鶩，不過撇開已經很受歡迎的旋轉餐廳，如提供韓式自助餐的 HANCook、主打復古美式風格的 N Burger 等，也都是在此地用餐很不錯的選擇。

而除了吃之外，首爾塔能玩的也不少，登高看風景只是必備兼常態，重要的是這裡有會讓人瘋狂的三大童趣展館！

第一是「泰迪熊博物館」，這個博物館由「歷史館」及「特別館」組成，利用泰迪熊可愛的特性來吸引遊客的目光，藉以展示首爾的過去、現在與未來，所以可以看到扮成韓國古代君王的泰迪熊為遊客展示韓國一些知名的地點。

第二則是「Ryan Cheezzzball Adventure」，這是全球首座以 Ryan 為主題的樂園，就位在首爾塔廣場 4 樓，在這裡可以體驗相當流行的三款 VR 遊戲，分別是 Cheeseball farm、Cheese Island Rush 及 ZZZ Express，而且不需要入場費，只需要支付體驗 VR 的費用，所以如果對 VR 沒興趣的人，等於就是免費入場被 Ryan 包圍，想來就很美好且令人開心呢！

最後是讓許多人一見到就少女心噴發的「Hello Kitty Island」，館內有不同的主題 Kitty 迷為之瘋狂，不管是 kitty 的歷史、家、臥室、餐廳等等，都可以在館內看到不同的精心佈置，簡直就是可愛爆擊讓人難以抵抗，就想窩在這可愛世界不出來呢！

但如果覺得自己是個大人了，好像不該這麼童心滿滿，又或者就是對 Ryan 及 kitty 沒興趣，那麼倒是有個好介紹，那就是位於展望台內的穿韓服體驗 N Photo Studio。

此地提供的韓服都是韓國古代宮廷韓服，對於一些想嘗試但是不敢穿著韓服在市區走動的人來說，N Photo Studio 就是個很不錯的選擇！

所以綜合上述所有，首爾塔顯然就是個有美食又好玩且又有美景可觀賞的地方，真真是不來一次太可惜，再來幾次也可以，況且到訪首爾塔的交通相當便利，基本上最多人選擇的方式應該是乘坐南山纜車，不過除了纜車之外，利用巴士也是可以的。

尤其本身首爾塔是不用門票的，只有展望台才需要費用，所以更讓人覺得來一趟相當值得，這種非一進門就收錢的規制，應該也是首爾塔受歡迎的原因之一。

更別提首爾塔在春夏秋冬四季中的不同變化有多吸引人前往，因為確實有著明顯的不同。

春季的首爾塔是浪漫的，因為粉白櫻花盛開，自是一番絕美景像。

至於夏季的首爾塔則是充滿活力，鳥兒鳴花芬芳，換上一片綠意的大地給人朝氣蓬勃之感。

秋季是賞楓好時節，被楓葉包圍的首爾塔，怎能不來走一走？

冬季雪花飄，變成瑩白世界的首爾塔，依然是遊玩的好地點。

所以說為什麼首爾塔成為造訪首爾的必涉足之地，就是因為吃喝玩樂這裡一樣都不缺，缺的可能是預留給它太過短暫的停留時間呢！

複合空間魅力無窮—ONE MOUNT（上）

ONE MOUNT 원마운트位於京畿道高陽市一山區，是一棟地下兩層樓，地上九層樓的大型的複合遊樂中心，也是首爾西北部規模最大的複合式空間。

此地除了是個逛街聖地外，也有許多知名的美食餐廳，所以總是吸引許多人前往，不過除了逛街與吃美食之外，ONE MOUNT 最知名的莫過於兩大室內樂園「水上樂園」與「冰雪世界」。

水上世界的部分以歡快節慶的海灘為設計主軸，帶著歐洲海岸獨有的浪漫氛圍，園內取自然採光，可以舉辦池畔派對或自在享受日光浴，還有相當受歡迎的波浪池、漂漂河等等。

另外除了上述兩種設施外，還有九種刺激程度不同的滑水道，非常受年輕人歡迎外，也有很多綜藝節目如 Runningman、無限挑戰等節目前來取景拍攝。

而且讓有孩子的父母很開心的是，此地有提供 Hello Kitty 小帳棚讓小朋友在玩累了之後可以稍作休息，而父母本身也可以到汗蒸幕休息一下。

特別值得一提的部分是此地的汗蒸幕和韓國一般的汗蒸幕不太一樣，這裡沒有各式各樣五花八門的烤箱，而是以大家一起休息聊天，或是吃東西看看書之類的活動為主軸，就是希望遊客好好放鬆而已。

基本上水上世界在夏天會開放戶外滑水道，冬天則是僅能在室內活動且供應溫水，另外還有汗蒸幕可以使用。

不過如果是來自不會下雪或鮮少下雪的國家，冰雪世界的吸引力可能會比水世界大上許多，因為冰雪世界一年四季都維持零下的溫度，不管何時去都能體驗到身處寒地的魅力。

ONE MOUNT 的冰雪世界是韓國最早的冬季室內主題公園，室內仿造北歐聖誕村風格，擁有全世界唯一一個可以穿鞋進入的溜冰場，整個區域宛如童話世界，深受喜愛。

冰雪世界裡面的空間大略分為三個區域，分別是「冰湖」、「冰路」、「冰山」，冰湖區域主要是做室內滑雪場使用，以在落雪中的小木屋為布景，還有隨著音樂閃爍著燈光的巨型聖誕樹、定時飄落的人造雪花等等，在這個雪白的世界中，彷彿每天都是聖誕節。

而冰湖外圍的冰路則是雪橇專用道，在冰雪世界有各式各樣的動物造型雪橇，每一輛都由六隻西伯利亞雪橇犬擔任駕駛，如此少見的體驗活動，非常建議如果來到此地就下場體驗一下搭乘雪橇車的快樂。

不用擔心自己搭乘會讓狗狗太過疲勞，因為由雪橇犬拉車只是個噱頭，實際上是透過駕駛輪子前進的，所以不用怕狗狗會累，牠們其實反而很開心可以跑跑玩玩，快樂得很呢！

至於冰山這個部分則是有小朋友非常喜歡的溜滑梯與造型雪橇，但更讓人開心的是居然連小雪屋都有，對於一直夢想住在雪屋裡的人來說，簡直就是一個圓夢的場地。

說來要在ONE MOUNT待上一整天甚至是兩天都是沒問題的，因為此地吃喝玩樂樣樣都齊備，就算不喜歡樂園也不喜歡逛街與美食都沒關係，在此總歸能找到讓自己開心自在的樂趣。

至於住宿問題，韓國觀光公社在這個區域有兩個推薦的住宿點，第一是有韓國觀光品質認證的「花與湖之家」，第二是「紙之鄉飯店」。

「花與湖之家」僅供外國旅人入住，韓國本地人是無法借宿的，此處經營的形式是韓國式家庭寄宿的模式，共有兩間客房，其中一間有獨立洗手間，而且房間的陽台還設計成迷你酒吧的模樣，而另一房則是以簡約為原則，僅擺放了兩張單人床及幾件家具。居住在此入夜後可以觀賞夜景，公共區域則擺設了許多屋主環遊世界時收集的紀念品，另外還提供免費美式早餐，可說是相當不錯的住宿選擇。

另外一間「紙之鄉飯店」則是比較正式的住宿旅店，客房分為韓式與西式，房內設有冷暖氣系統、辦公桌椅、吹風機、冰箱、有線網路等等，也是一個需要住宿時不錯的選擇。

複合空間魅力無窮——ONE MOUNT（下）

專屬於 ONE MOUNT 的獨特魅力在上篇已經嶄露無遺，但對於可能已經來過幾次的人來說，再來 ONE MOUNT 可能就待不了那麼久，這時候該怎麼辦呢？

別擔心，可以考慮到附近的「一山 Aqua Planet 海洋世界」走一走。

一山 Aqua Planet 海洋世界是一個複合式水族館，一共有四層，分為兩大區域，一是展示海洋生物的「The Aqua」，二是展示陸地動物的「The Jungle」，粗略估計園區內大約有兩萬五千隻動物，數量算是相當龐大，也增加了此館的可看性。

一山 Aqua Planet 海洋世界當初開館的目的，是為了讓大眾可以欣賞到日常生活中不容易見到的海洋生物及讓人們了解海洋生態，並且傳達人們需要愛護海洋及保護生態的重要性，像這樣的觀念對現在的地球來說，的確是相當重要的。

然而雖然開館的目的帶著學術性及倡導性略顯嚴肅，但實際上一山Aqua Planet海洋世界可是一個非常適合全家大小一起來參觀遊玩的地方，尤其此處不只有許多海洋生物及陸地動物可以觀賞，更有許多表演節目天天上演，其中最知名的便是「Aqua Dream」。

所謂Aqua Dream便是在館內最大的水槽Deep Blue Ocean中展示的一場秀，三位潛水員會與鯊魚或魔鬼魚一同起舞，配上特別的燈光與音樂，為遊客帶來一場相當精彩的水中芭蕾盛宴。

還有像是企鵝餵食秀、海象秀等等，都是喜歡動物的朋友不容錯過的活動。

而且此地有一個讓人很愉快的地方就是，如果本就對海洋生物相當有興趣，那麼讓人心動的近距離體驗此等夢想在此就可以輕鬆實現，魚群、貝類、海豹等等，都可以來場近距離接觸之旅。

不過除了海洋生物外，其實展示陸地動物的 The Jungle 這部分也是很有看頭的，如狐猴、美洲豹等動物，甚至還有鳥園，裡頭有許多種鳥類可供遊客欣賞，簡直棒呆了，來此地遊玩完全是值回票價了！

不過當然，就像有人不喜歡逛街吃東西跟溜冰溜滑水道一樣，一定也有人不喜歡動物，所以如果在 ONE MOUNT 待不住又對海洋世界沒興趣的話，那麼可以選擇到「一山湖水公園」走走。

這個公園是亞洲最大的人工湖水公園，面積達30萬坪，公園內除了有長達4.7公里的自行車專用道之外，還有兒童遊戲區、音樂噴泉、自然學習場等等，而且還有一百多種野生花種及20多萬顆樹木，更是高陽花卉博覽會的舉辦場地，所以喜歡芬多精喜愛大自然的朋友一定會對此地相當喜愛。

一山湖水公園也是許多韓劇的取景地點之一，如《來自星星的你》、《W兩個世界》、《原來是美男》、《最佳愛情》、《繼承者們》等等韓劇，劇中有些場景都是在一山湖水公園拍攝，可見此地擁有別處沒有的獨特魅力。

不過要特別注意的是，一山湖水公園範圍相當大，如果不想讓自己太過疲勞，真的要看一下導覽圖，衡量自己要怎麼逛這個公園，又或者也可以不訂目標，在園內隨意走走逛逛，累了就離開去覓食，倒也是個很不錯的選項。

除上述之外，鄰近ONE MOUNT的知名景點還有成為世界文化遺產的金浦章陵。

金蒲章陵是朝鮮第十六代君王仁祖的生父元宗與其妃仁獻王后

的陵墓，此陵墓的規模與規格展現的樣貌為朝鮮中期相當典型的型態，也由於如此再加上從首爾到訪此處交通相當便利，所以每逢假日都會有不少遊客前來一睹章陵風采。

所以說不管是ONE MOUNT本身區域或是鄰近景點，都是讓遊客尋找到樂趣的好地方，來到這個區域幾乎可以說是完全不用怕無聊，要什麼有什麼，真可說是不怕遊客來喊無聊，只怕遊客不來而已！

City Hall——首爾特別市廳

「首爾特別市廳」（韓語：서울특별시청）是韓國首爾特別市的地方自治行政機關，即首爾市政府。

首爾特別市廳需要處理作為韓國首都的事務，因此相比於其他城市的市政府來說，首爾特別市廳的存在是讓市政府更能統一和有效率地管理教育機構、圖書館、公眾安全、遊樂設施、衛生、供水和福利服務。

首爾特別市廳位於首爾中區的太平路，旁邊是首爾地鐵1號線和首爾地鐵2號線的市廳站，鄰近首爾廣場。

此機構的舊廳舍於1925年興建，這個時期是朝鮮受日本統治時期，所以無意外此建築物具有很濃重的殖民色彩。

2008年3月，新廳舍動工，計畫興建包括多功能廳和文化設施等等區域開放給大眾使用；新舊廳舍之間有天橋連結兩方，新廳舍於

2012 年 8 月 27 日對外開放，9 月 1 日所有舊廳舍的政府單位全部遷入新廳舍後，舊廳舍就被列入國家文化財產，並改名為「首爾圖書館」。

至於附近知名的建築還有「首爾城市建築展覽館」，這座展覽館是世宗大路一帶歷史文化特化空間建造事業的其中一環，而它所在位置於日治時期原本是國稅廳別館，2015 年韓國光復 70 周年後把舊建築拆除，並為了保存該地點的歷史價值所以改建成展覽館。

這個展覽館是韓國首個城市建築領域專業展覽館，分為地上一樓及地下三樓，1 樓的空間是市民廣場，地下 1 樓~地下 3 樓為展覽館，且地下 1 樓有連接通道可步行至市民廳。

首爾城市建築展覽館建成的目標是希望可以成為城市建築空間領域的平台，展示首爾的發展過程與未來藍圖，拉近市民與城市建築之間的距離及認識國家文化資產，而首爾作為人口數量超過千萬大都會，也希望透過此建築與世界頂尖都市進行交流，借以強化國際力量。

另外法國知名蠟像館「格雷萬蠟像館」也位於City Hall附近，而這間「格雷萬蠟像館」是繼巴黎、布拉格、蒙特婁後的全球第四間分館，也是在亞洲的第一家分館。

館內有許多不同的主題空間，1樓為售票處，另設有紀念品店與咖啡廳，2樓則有五個主題，首先是「美容沙龍」這是將各時代與各國的美女明星匯聚在一起的空間。

另外還有「時尚工作室」、「名譽殿堂」、「錄音工作室」、「韓流屋」等等都展示著貼合主題的不同型態蠟像。

而3樓則是有「總統專機」、「偉大的冠軍」、「發現王國」、「藝術家小屋」等等主題，其中發現王國中可以看到製作蠟像的過程，雖是影片但是也很值得一看，畢竟「格雷萬蠟像館」是世界上最知名的蠟像館，很多人都會想知道那栩栩如生的蠟像究竟是怎麼做出來的，所以來到此地千萬不要忘記登上3樓的「發現王國」一解心中疑惑。

至於4樓則是有著「紅地毯」、「電影天國」、「韓國偉人」、「時代的天才」與「和平領導者」等等主題展覽，也是相當值得一觀的樓層。

所以如果到訪首爾正好來到首爾特別市廳附近的話，可以選擇到首爾城市建築展覽館走走，了解一下首爾的歷史文化，也可以選擇到「格雷萬蠟像館」體驗那幾乎像是真名人站在眼前的刺激感。

雖說以旅行為目的的話，首爾特別市廳並不是個必訪之地，不過倘若就在附近，倒是也可以停下來在遠處欣賞一下建築物，畢竟單就建築來說，首爾特別市廳的外觀也很值得拍照留念呢！

國家圖書館出版品預行編目資料

韓情脈脈／君靈鈴　著一初版一
臺中市：天空數位圖書　2023.04
面：14.8*21 公分
ISBN：978-626-7161-60-9（平裝）
1.CST：旅遊文學　2.CST：韓國
732.9　　112005757

書　　名：韓情脈脈
發 行 人：蔡輝振
出 版 者：天空數位圖書有限公司
作　　者：君靈鈴
編　　審：亦臻有限公司
製作公司：長腿叔叔有限公司
封面設計：何麗雲
照片提供：艾芙曼、咖栗虎
美工設計：設計組
版面編輯：採編組
出版日期：2023 年 04 月（初版）
銀行名稱：合作金庫銀行南台中分行
銀行帳戶：天空數位圖書有限公司
銀行帳號：006－1070717811498
郵政帳戶：天空數位圖書有限公司
劃撥帳號：22670142
定　　價：新台幣 440 元整
電子書發明專利第　I　306564　號
※如有缺頁、破損等請寄回更換

天空家族 Family Sky
企業總部 Conglomerate

服務項目：個人著作、學位論文、學報期刊等出版印刷及DVD製作
影片拍攝、網站建置與代管、系統資料庫設計、個人企業形象包裝與行銷
影音教學與技能檢定系統建置、多媒體設計、電子書製作及客製化等

TEL　：(04)22623893　　MOB：0900602919
FAX　：(04)22623863
E-mail：familysky@familysky.com.tw
Https　://www.familysky.com.tw/
地　址：台中市南區忠明南路 787 號 30 樓國王大樓
No.787-30, Zhongming S. Rd., South District, Taichung City 402, Taiwan (R.O.C.)